图书在版编目（CIP）数据

阿庆哥说济南 / 张庆，李丹丹，于涛主编 . -- 济南：济南出版社，2019.1

（"在济南·知济南·爱济南"丛书）

ISBN 978-7-5488-3528-8

Ⅰ . ①阿… Ⅱ . ①张… ②李… ③于… Ⅲ . ①济南 - 概况 Ⅳ . ① K925.21

中国版本图书馆 CIP 数据核字（2019）第 015537 号

**阿庆哥说济南**

| | |
|---|---|
| 出 版 人 | 崔　刚 |
| 策　划 | 张承军 |
| 封面题字 | 张仲亭 |
| 责任编辑 | 贾英敏　刘召燕 |
| 封面设计 | 房晓瑞 |
| 版式设计 | 张　倩 |
| 出版发行 | 济南出版社 |
| 地　址 | 山东省济南市二环南路 1 号（250002） |
| 编辑热线 | 0531-86100291 |
| 发行热线 | 0531-86922073　67817923 |
| 印　刷 | 济南新先锋彩印有限公司 |
| 版　次 | 2019 年 1 月第 1 版 |
| 印　次 | 2019 年 1 月第 1 次印刷 |
| 成品尺寸 | 170mm×240mm　16 开 |
| 印　张 | 16.5 |
| 字　数 | 220 千 |
| 印　数 | 1—10000 册 |
| 定　价 | 68.00 元 |

济南版图书，如有印装错误，请与出版社联系调换。

联系电话：0531-86131736

"在济南·知济南·爱济南"丛书

# 阿慶哥說濟南

张庆 李丹丹 于涛/主编

山东城市出版传媒集团·济南出版社

# 编委会

# 序

　　济南，自古就有"山城""水城""泉城"的美誉。元代于钦说："济南山水甲齐鲁，泉甲天下。"济南也是中华文明的重要发祥地，是远古圣王虞舜的桑梓故土，自古就有"舜城"的雅号。古城济南由四千多年前的泉水聚落，先后发展成为先秦时期的历下邑，秦汉时期的历城县城，中古时期的济南郡城、齐州州城，北宋以后的济南府城，明清以来的山东省会，城市地位不断提升，在历史上又有"天下名州""东方名郡"之美誉。

　　"四面荷花三面柳，一城山色半城湖。"济南是著名的"林泉郡"，是享誉天下的园林之城。济南向来是齐鲁文化的重镇，在地理上介乎齐、鲁之间，沐浴齐风鲁雨，硕儒大师层出不穷。"海右此亭古，济南名士多。"济南是闻名遐迩的名士之城，李清照、辛弃疾、张养浩、边贡、李攀龙、王士祯等群星灿烂。济南还是戏曲、说唱、杂技和舞蹈艺术的摇篮，素有"书山曲海"之美誉，民国年间济南的说唱艺术更与北京、天津呈三足鼎立之势。济南是中古山东佛教的中心，近古全真道教的重镇。济南是"医宗"扁鹊的故乡，济南有东流水的阿胶、山水沟的药市会以及名扬神州的宏济堂，是当之无愧的中医药文化圣地。济南是中国北方茶文化的发源地，是宋代"名酒之冠"珍珠泉酒的诞生地。济南是晚清新政和自开商埠的典范，堪称"近代改革开放的先驱"，更在五四运动的声援和中国共产党早期党组织的建立上走在全国前列。同时，济南是一座有着光荣革命传统的城市，济南战役也是人民解放战争的重要一环。

　　济南作为国家历史文化名城，其文化是如此源远流长又博大精深。如何展示济南文化，讲好济南故事呢？张庆、李丹丹、于涛主编的这本《阿庆哥说济南》，就是一次有益尝试。

"阿庆哥"是张庆先生的艺名。在济南，提起张庆，可能有人尚感陌生，然而提起"阿庆哥"，则是家喻户晓、妇孺皆知的。

据我所知，阿庆哥算是"老济南"了，早年曾拜师京城相声名家马季先生。过去的中国演艺界有一句谚语："北京拜师，天津学艺，济南踢门槛。"然而拜师北京、相声出身的阿庆哥，最终却是作为知名的电视节目主持人一举踢开了济南的门槛。银屏上的阿庆哥，光头、笑脸、一身唐装，一把折扇，这形象，儒雅又不乏喜剧感，自然是有亲和力的。他的语言是原汁原味的地道济南话，讲起话来，诙谐幽默、简洁明快、生动活泼，不时还会抖出一两个包袱。"老济南"的身份兼之相声语言的深厚功底，使他在济南地区拥有大量粉丝，他主持的节目也有广大的受众面。

当然，要成为一位优秀的文化节目主持人，眼界和学识也是必不可少的。在这一方面，阿庆哥的确是个有心人。他对于他人习而不察的事物有细致的观察和敏锐的体悟，对于家乡的历史变迁、人文掌故、风土民情乃至一草一木熟稔于胸。同时他也博览群书，尤其是有关济南文史方面的典籍文献。他不只是一位优秀的媒体人，也是一位优秀的文化学者，有着开阔的文化视野和深厚的学识修养。

2016年农历腊八，济南电视台新闻综合频道"有么说么新闻大社区"节目推出精品栏目——"阿庆哥说济南"。在这档节目中，阿庆哥每期都以实地探访、亲身讲述的方式，一面带领观众走进那些至今鲜活的时代场景，一面介绍济南的历史文化，如典故、景观、民俗、建筑、街巷、美食等，追溯历史，记录当代，展望未来。在新闻频道节目当中，"阿庆哥说济南"显然是特别吸引眼球的，一经播出，就宛如一股清流，广受观众喜爱。

目前，"阿庆哥说济南"共拍摄96期，本书就是根据其中77期节目整理形成的。全书洋洋洒洒二十余万字，包含9个篇章：泉城史记、走街串巷、百年风韵、收藏记忆、青山秀水、节日习俗、民俗民艺、曲山艺海、有滋有味。仅从篇章名目就能看出这是一个有关济南文化的内涵丰富的优秀读本，至于书中情感之饱满、叙事之生动活泼、文笔之典雅而风趣、观点之鲜明和新颖，相信大家读后，也会与我有一样的感受。

当然，本书还有几个亮点不能不说：

第一，保留了电视语言特色，通俗易懂，深入浅出，能给人带来强烈的画面感，阅读起来更畅快。

第二，将视听感变为阅读感，不仅有同期节目独家照片，还有大量幕后制作照片，其中许多图片首次公开，文末还附有同期节目视频的二维码，能让读者在看书的同时获得更好的视听体验。

第三，在对文字内容的把握上，力求翔实、专业、权威。查证各种资料，并征集相关专家、学者及见证者的建议，几经取舍，去伪存真，选取了最有意义、最有价值、最有说服力、最值得传承、最有济南味儿的文化内容，故而此书也具有一定的参考价值。

第四，依托本土文化，打造济南特色，能唤起济南人特有的文化记忆，适合全家共读，适合传家立训，适合收藏传阅。

我比张庆先生年长几岁，但不是"老济南"。我对于济南历史文化的认识多来自书本，缺少亲身经历和体验。所以，读《阿庆哥说济南》，于我更有一种"补课"获取新知的愉悦感。为此，我也愿与大家分享这种感觉。

张华松

2019年1月4日

# 目录

**说济南·泉城史记**

二十四孝之孝感动天 / 2

孝贤闵子骞 / 5

孝堂山中话孝道 / 8

好汉秦琼多传说 / 11

秦琼的身世之谜 / 16

济南战役（一）：沙场秋点兵 / 19

济南战役（二）："牛刀子"出鞘 / 22

济南战役（三）：血战夺内城 / 26

济南战役（四）：中秋夜·济南城 / 28

章丘旧军：孟氏家族起苍黄 / 31

瑞蚨祥：连锁传奇，济南开场 / 35

孟洛川：一代大商铸传奇 / 41

济南的建党大业 / 45

**说济南·走街串巷**

有一种老建筑叫电楼子 / 50

老街巷里往事多 / 53

榜棚街：古代"高考"看榜处 / 56

大隐于市上新街 / 60

古韵新姿大观园（上） / 64

古韵新姿大观园（下） / 69

**说济南·百年风韵**

百年公园的前世今生 / 72

解放阁的峥嵘岁月 / 75

百年军工厂·矢志强国梦（上） / 79

百年军工厂·矢志强国梦（下） / 83

你不了解的新华书店 / 86

**说济南·收藏记忆**

金石拓片耀泉城 / 92

探秘济南警察博物馆（上） / 96

探秘济南警察博物馆（下） / 99

百年邮缘 / 102

"钟"情济南 / 108

**说济南·青山秀水**

名山之首属华山（上） / 114

名山之首属华山（下） / 117

华阳宫里神仙全 / 120

百年前的"明湖秀" / 123

大明湖畔有人家（上） / 128

大明湖畔有人家（下） / 132

三月三里逛药山 / 136

城中有座英雄山 / 139

商河温泉润古城 / 142

说济南·节日习俗

趵突泉畔赏花灯 / 146

老济南过年的那些事（一）：腊八 / 150

老济南过年的那些事（二）：踩高跷 / 152

老济南过年的那些事（三）：破五 / 154

大年初二回娘家的讲究 / 156

老济南二月二有讲究 / 160

老济南怎么过端午节 / 164

济南人怎么过重阳节 / 167

说济南·民俗民艺

济南皮影戏的百年光影（上） / 172

济南皮影戏的百年光影（下） / 177

稀世珍宝木鱼石 / 180

兔子王：老济南的小萌神 / 184

商河老粗布：一针一线总关情 / 187

老济南人的童年游戏 / 192

堤口庄里话石锁 / 196

说济南·曲山艺海

白雪楼上的山东琴书 / 198

山东快书（一）："当里个当"，说说那些不为人知的故事 / 202

山东快书（二）："坐地虎""过江龙"到底是谁 / 205

山东快书（三）：从"荤口"到"清口"看变化 / 208

山东快书（四）：说一段英雄故事与你听 / 211

说济南·有滋有味

老济南喝茶有讲究　/ 216

大俗大雅的老济南茶馆　/ 218

老济南请客吃饭的讲究　/ 221

吴家堡里稻花香（上）　/ 223

吴家堡里稻花香（下）　/ 226

春风吹来野菜香　/ 228

古人消夏神器：碧筒饮、解语杯　/ 231

凉爽一"夏"有冰糕　/ 234

甜沫为什么不甜　/ 237

有一种甜点叫糖酥煎饼　/ 241

"下饭神器"把子肉　/ 246

有一种吃法叫"商河老豆腐配马蹄烧饼"　/ 250

# ◎ 二十四孝之孝感动天

孝是我们中华民族的传统美德。古有二十四孝的故事，每个故事都感天动地。

在二十四位孝子中，有三位和济南有关，大舜是二十四孝之首。

史书记载：虞舜，瞽叟之子。性至孝。父顽，母嚚，弟象傲。舜耕于历山，有象为之耕，鸟为之耘。其孝感如此。帝尧闻之，事以九男，妻以二女，遂以天下让焉。

舜是黄帝的后裔，父亲瞽叟又聋又瞎，性情十分暴躁，母亲则十分贤淑。舜在母亲的照料下，幼年过得相当美满。但是后来母亲得了重病，离开人世。此后，父亲的性情变得更坏了。

后来父亲娶了继室，生下了弟弟象，从此对继母十分宠爱。而继母心胸狭窄，常在父亲面前说舜的坏话，致使舜常被父亲责打。不过，孝顺的舜没有因此而心生埋怨，仍然百般孝顺父亲和继母。但继母担心舜会分去大半家业，总想把他除掉。

从《史记》记载的传说中可以看到舜生活的艰难，也可以看出他对父母的至孝亲情。后来，舜被四岳推举出来，尧把两个女儿嫁给舜，并赐给舜仓库、牛羊和许多财物。但是，舜的父母和弟弟仍然想置舜于死地。

一次，父亲瞽叟让舜爬上高处去涂抹仓廪。可瞽叟竟然在下面纵火焚烧，想就此烧死儿子。但是舜很机警，用两个斗笠护卫自己，并像鸟张开翅膀一样轻轻跳下，逃离了火境。

后来，瞽叟又让舜去挖井。舜有防备之心，顺便挖了一个暗道，直通井口。在舜挖井的时候，瞽叟和小儿子象一起倒土来填井，想以此活埋了舜。瞽叟与象很高兴，以为舜死定了。象说："最先出这个主意的是我。"分家产时，象要求分得舜的琴和两个老婆，甚至还住进了舜居住的地方。

没想到，舜的两个妻子娥皇、女英早就为他编织了一件龙衣。舜穿着龙衣从另一个井口逃出，再次脱险。当舜突然回到家中，象惊愕不已，装模作样地说："我正思念您呢，好不忧愁！"舜说："是的，你我兄弟之间的情谊可以说很深厚了！"

虽然不断遭到继母和弟弟的迫害，但舜从不介意，对父母孝敬如初，对弟弟依然友好。后来，他的孝行传遍千里，也感动了继母和弟弟，一家人最终和和乐乐地生活在一起。

当时的帝王尧把王位禅让给了舜。舜"兼爱百姓，务利天下"，被后世尊为"远古圣王"。在舜的治理下，国家兴盛太平。而且，舜为帝以后，依然尽孝，带着天子的旗帜去看望父亲瞽叟，还封弟弟象为诸侯。由此可见，即使地位变了，舜也没记前怨，依然尽孝悌之道。

这种至孝也成就了天地对孝的感应。于是，舜在历山耕耘时，大象帮助他耕地，鸟儿帮助他耘田播种，孝行的感应竟然能到如此地步。

济南舜耕山庄集团副总经理牛志毅告诉记者，据史料记载，千佛山下就是舜生平居住的地方。舜耕山庄也因此得名。

据了解，目前舜耕山庄大厅的"舜耕历山图"壁画是全国最大的丙烯壁画，展示的就是舜的生平。另外全世界最大的大舜铜像，于1997年9月25日落成于舜耕山庄。

不妨从现代的角度来看，大舜的故事带给我们的启示。

第一，在不和睦的家庭中怎样去行孝？那便是学会忍受与宽容，用真诚去感动家人。

第二，孝绝不是愚孝，舜种种逃生的机警与智慧，就是至孝中的聪明孝行，而不是愚蠢孝行。

扫一扫，看同期节目视频

# ◎ 孝贤闵子骞

济南东部有一条南北贯穿的路，它南起解放路，北接洪楼南路。南北长不足三里，宽仅数丈。然而就是这样一条极其平常的路，却有着不同寻常的经历，拥有源远流长的历史文化和厚重的人文底蕴，见证了济南的发展变迁。它就是闵子骞路。

闵子骞，何许人也？

据史料记载，他是春秋时期鲁国人，名闵损，字子骞，孔子高徒，为"七十二贤"之一、"圣门十二哲"之首。闵子骞为人所称道，主要源于他的孝。在元朝人编纂的《二十四孝图》中，芦衣顺母的故事排在第三。孔子曾称赞说，孝哉，闵子骞！人不间于其父母昆弟之言。

据说，闵子骞的生母早逝，父亲再婚后，继母又生了两个男孩。闵子骞经常受到继母的虐待，吃不饱，穿不暖。但他为了不给父亲添麻烦，对继母和两个弟弟一直很忍让。后来，一件偶然发生的事情让父亲发现了真相。

有一次，他们一家外出，闵子骞不慎倒在雪地里，父亲很生气，就鞭打闵子骞，却发现他的棉衣里面是芦花，而两个弟弟的都是棉花。父亲这才知道继母偏心，一怒之下就要休妻。按说此时闵子骞应该觉得解气才对，可他却做了一个让人意想不到的举动——为继母求情并挽留继母。这是为什么呢？

"母在一子单，母去三子寒，留下高堂母，全家得团圆。"闵子骞的

闵子骞墓

这番话，让父亲深受震动，父亲决定不再休妻；让他的继母悔不当初，痛改前非；也让闵子骞这位孝子永载史册，传颂千年。二十四孝诗赞：闵氏有贤郎，何曾怨晚娘？尊前贤母在，三子免风霜。

据《史记·仲尼弟子列传》载："闵损，字子骞，少孔子十五岁。"闵子骞很早就拜入孔子门下，师从孔子期间，闵子骞把感恩父母的孝道延伸为对老师的尊敬和爱戴。

据闵子骞第七十六代孙闵伟了解，闵家家谱上确有"居齐实迹"篇。据记载，闵子骞受聘在齐国设教传道，八十九岁卒于齐。其子闵法率众弟子将其礼葬于华山，并结庐守孝三年。从此，闵家世代居齐。

另据闵子骞墓周围的老人讲，20世纪20年代，闵子骞墓直径200多米，封土的西南角露有一角石棺，棺盖倾侧，内有柏树长出，人皆称奇。那时周围的民众十分敬畏闵子骞，逢年过节都来上香祭拜，祈福求安。

闵子骞德行高尚，处世刚正，学识渊博，备受济南人推崇，同时也留下了宝贵的精神财富。

闵子骞第七十六代孙闵伟与阿庆哥手捧塑像

闵子骞路，是济南市一条以历史文化名人命名的马路；闵子骞墓，也被好好保护起来。

清明时节，大家在祭扫先人的同时，不妨也重温一下闵子骞的故事，让孝文化在济南代代相传。这正是"千古绝唱孝悌风，鞭打芦花见真情。人间美德垂青史，泉城济南美名赢"。

扫一扫，看同期节目视频

# ◎ 孝堂山中话孝道

在济南长清区孝里镇孝堂山的山顶上，有一座蜚声国际的艺术瑰宝，它就是郭氏墓石祠。这座汉代石祠对济南的历史走向有重大影响。

郭氏墓石祠并不大，室内面积不足8平方米，平均高度不超过1.6米，但却是我国现存最早的地上房屋式建筑，早在1961年就被国务院列为全国第一批重点文物保护单位。

据相关资料记载，石祠又称石室，是建于墓前的古代石质祭祀建筑，是后人扫墓祭祀时陈设祭品的地方。汉代讲究厚葬，为先人修建大墓、建造祠堂是最主要的一种孝行，曾盛极一时。

汉代的石祠成千上万，但在经历了近2000年的风雨浩劫后，完整留存至今的，只有孝堂山上这一处。然而，真正让这座小小石祠声名远播的是二十四孝中郭巨埋儿奉母的故事。

这个故事最早见于西汉刘向的《孝子图》，后来《搜神记》《二十四孝》等书又对这个故事进行了再加工，经过千年演变，变成现在流传最广的版本。

据说，郭巨的家乡河南遭遇大灾。他没要一分家产，辞别了两个兄弟，用小推车推着妻儿老母，一路乞讨来到现在济南长清一带。郭巨的母亲对小孙子格外疼爱，宁肯自己饿肚子，也要把饭食先给小孙子吃。郭巨看到日益消瘦的母亲，心里非常难受，就跟妻子商议："本来能让母亲吃上饭就已经很困难，若再有儿子和她争食，母亲恐怕就会饿死。儿可再有，母不可复得。不如埋掉儿子，节省出粮食供养母亲。"于是，夫妻二人抱着儿子来到野外挖坑，准备埋儿。谁知当挖到三尺多深时，竟挖出了一个坛子，里面盛满了黄金，上面还写有字，大致内容是：天赐孝子郭巨，官不得取，民不可夺。

长清本地的县志对这个故事还有另一种记载。据传，郭巨之子在玩耍时不小心溺水身亡，郭巨的母亲十分疼爱这个小孙子，日日垂泪。为了不让母亲伤心，郭巨瞒着母亲掘地三尺，把儿子埋葬，不料却挖得黄金一坛，还感动了上苍，儿子也死而复生。

当初孝里这一带叫"水里铺"。相传郭巨带着妻儿老母来到这儿，一看这有水，好种粮，决定住下来，死后也葬在这里。传说这里有郭巨的墓地。

北魏郦道元在《水经注》中有这样的记载："今巫山之上有石室，世谓之孝子堂。"有了郭巨这位孝子典范加持，这座石祠不再是无名的孝子之堂，而成了孝子郭巨祠。石祠所在的这座山，也从当初的"巫山"更名为"孝堂山"。

当地人也以大孝子郭巨为荣，把"水里铺"改为"孝里铺"。这一字之改，去掉了"水"的地理特点，增加了"孝"的文化内容，长清孝里由此以"孝子之乡"闻名天下。

郭巨埋儿奉母的故事固然有封建糟粕成分，也不免带有迂腐的气息，甚至连鲁迅先生也对此大加挞伐，但是，这座汉代石祠之所以能屹立两千年不倒，为我们留下宝贵的历史文化财富，就是因为它承孝子郭巨之名，墓以人存，可以说是"孝"的功劳。

当今社会，孝是爱，是一种回报的爱，他是感恩，是力量，是责任，更是一种义务。我们应该对父母尽孝，同时也应该对社会、对国家尽一份责任，让社会变得越来越美好、和谐。

扫一扫，看同期节目视频

# ◎ 好汉秦琼多传说

《隋唐演义》是流传很广、广受欢迎的隋唐故事，很多人看过或者听过。这部书的书胆，也就是主要人物，是谁呢？那就是唐朝开国大将、咱老百姓常贴的门神之一——秦琼。您知道吗？这位秦琼，和济南的渊源可非比寻常！

秦琼，字叔宝，唐朝建立后，官至左武卫大将军、翼国公。书中是这样描绘他的经典形象的：手持一双熟铜锏，胯下一匹黄骠马，勇猛彪悍，常于万众之中取敌首级。

千百年来，他的传奇人生被演绎进戏曲、小说、说唱文学，谱写成各种各样的传奇故事，他也称得上是"山东第一好汉"。"两肋插刀""撒手锏"等典故，都源于秦琼的传奇故事。秦琼，可以说是老百姓中知名度最高、评价最高的隋唐英雄。那这位英雄是何出身呢？据历史典籍记载，他是齐州历城人。齐州历城，也就是现今的山东济南。

济南民间流传着许多和秦琼有关的传说。听历城区柳埠镇秦家庄的老人讲，根据老辈传下来的说法，秦家庄就是秦琼的祖居地。

历城区柳埠镇秦家庄村民魏柱岩说："《隋唐演义》里不是说秦琼是历城人吗？历城只有这一个秦家庄。县志上也记载，当初是姓秦的先在这里住。我从小就听老人说，这里还有秦家的地，叫"秦家洼子"。原来还有秦家的坟，秦家的后代还骑马来上过坟，所以说，这里是秦琼的祖居地。"

### 九顶塔和茶柏、烟柏

当地人之所以相信秦家庄是秦琼老家，还有一个重要证明，那就是九顶塔。

九顶塔，位于秦家庄旁的灵鹫山中，始建于唐代，因其塔身一塔起、九顶出而得名，是国家级保护文物。它的基座呈八角形，像一个八卦，上边的九个塔又错落有致地坐落在莲花之上，所以九顶塔又名九顶八卦莲花塔。整座塔造型之奇异、构造之精巧，国内罕见，堪称一绝！

据当地人说，这座塔的建立和秦琼有关。魏柱岩说："传说这个塔是为了纪念秦琼的母亲教子有方而建立的。秦琼的母亲教育秦琼要一言九鼎，九顶塔因此得名。"

从年代上看，九顶塔和秦琼都是唐朝的，倒也对得上，但是并无相关资料记载。

九顶塔

不过，在九顶塔南边有一座观音殿，它的基座上嵌了块明代的碑。碑文所刻内容大致是：按山东通志记载，九塔寺是尉迟敬德公所造，也就是现在九顶塔南边的观音殿，"殿前柏树亦公手植者自唐历宋迄我"。尉迟敬德是谁呢？他也是唐朝开国名将，官至右武侯大将军，和秦琼同为门神，秦琼在左，尉迟敬德在右。

烟柏和茶柏

九顶塔中华民族欢乐园总经理庞超说："殿前的这两棵柏树被证实有一千多年了，一棵叫"烟柏"，一棵叫"茶柏"。为什么叫这个名呢？据说是因为当时尉迟敬德来这里督建庙宇的时候，把茶水洒到了那里，就种下了一棵柏树，叫作'茶柏'。在茶柏旁边呢，他倒下了烟斗里的烟灰，种下了一棵树，就叫作'烟柏'。那为什么在这里种树呢？大家都知道，尉迟敬德和秦琼的关系亲密，这里又是秦琼的老家，所以呢，他在这里种下了两棵柏树。"

### 秦琼拴马槐

秦琼之所以受到人们尊崇和追捧，还因为他是一位出了名的孝子，很听母亲话。许多历史小说写到，秦琼本来觉得生逢乱世，"一身不属官为贵"，有几亩薄田、几树梨枣，能供养老母、抚育妻儿就行了。但是母亲说了，"一进公门，身子便有些牵系，不敢胡为。倘然捕盗立得些功，做得些事出来也好"。秦琼听母亲这么说，"也不敢言语"，第二天就报到上班去了。这才有了后来的一代名将。

在济南，有一个秦琼孝母的小故事也流传很广。千佛山上有一个唐槐亭，它的西侧有一棵古槐树。这棵古槐树已经半干枯，但是它的空腔中又长出一棵幼槐，就像母亲怀抱婴儿，所以被称作"母抱子槐"。

相传这棵槐树和秦琼也有一段奇缘。千佛山风景名胜区工作人员张雨说:"据说秦琼每年都会到千佛山上为母亲进香,但是呢,他从不骑马上山,都是把马拴到这棵古槐树上,再徒步走上去。之后这棵槐树也被称为'秦琼拴马槐'。"

### 秦琼庙

坊间还流传,唐槐亭处曾经建有秦琼庙。秦琼庙的传说也被很多人津津乐道。

张雨说:"相传,当年庙里只塑了一尊秦琼像,但是塑成后仅过了一夜,秦琼像就歪倒了。而且这尊像扶起来就倒,反复数次,也不知原因。后一位老者指点说,秦琼一生辅佐唐王,去世之后也不愿占据王位。后人便在这个庙中间建了一尊唐王像,建好之后,把秦琼像放在唐王像的旁

秦琼像

边。果然，秦琼像就永立不倒了。当然这也只是一个传说而已，现在也没有这座庙了。不过这个传说也证明了我们的秦琼一生忠于职守，死后也不忘使命。"

由秦琼而来的传奇故事，济南还有好多个版本。众多美好的传说，寄托了老百姓对秦琼这位英雄人物的崇拜之情，也表达了对中华民族传统美德的认同。

不过，有一点是确凿无疑的，那就是秦琼的真实出身。那么，秦琼的家究竟在哪儿呢？真实的秦琼又是什么样的人呢？下文继续讲解。

扫一扫，看同期节目视频

## ◎ 秦琼的身世之谜

　　好汉秦琼，忠孝两全，义薄云天，是人人敬仰的大英雄。在世界各地，凡有华人的地方，都能听到门神秦琼的传说。而秦琼是济南人，这是很让济南人自豪的事。那么，秦琼的家具体在济南哪里呢？

　　秦琼的家，就在经七路小纬六路一带。1995年，在经七路小纬六路的济南金融干部培训中心附近，有一个建筑工地在施工的时候发现了一座墓。墓的主人是秦琼的父亲。

　　济南市老市民崔兆森先生说："1995年，这里在盖宿舍楼。宿舍楼一共有五个单元，在第三单元和第四单元之间，也就是在银杏树这里，挖出了秦琼父亲的墓，里边有一个墓志铭。我在这条街上住了60多年了，是1956年搬到小纬六路南街来的。现在这里叫"小纬六路"，这个位置就是当时的太平庄西街。"

　　济南市考古研究所所长李铭也说："当时我来看过。一看是一个方形、石砌的墓，里边有一个断成两截的碑。解读后发现这是秦琼父亲的墓。他父亲叫秦爱，字季养。通过解读这个碑文还了解到，秦琼生在怀智里，他父亲也葬在怀智里。不过这个'里'，和我们现在的'里'不是一个概念，唐朝五百户为一里，范围很大。以前有人说秦琼住在北大槐树街。这个说法比较准，离怀智里比较近。"

　　这块碑的出土，不但证实了秦琼是地地道道的济南人，而且明明白白地还原了秦琼的真正出身。

　　李所长补充说："秦琼家里祖上三代做官，虽然官不大，但都是做官。新唐史和旧唐史都没有记载秦琼的家世。这样一来，这个碑非常重要，非常有学术、史料价值，填补了历史的缺失，也证实了秦琼打铁、秦琼卖马等传说都是不对的。"

另据碑文记载，秦琼的父亲是在北齐做官，死于隋朝，而此碑刻于唐贞观二年。为什么直到唐朝，才会给秦琼父亲的墓立碑？秦琼的父亲又为什么会葬在经七路小纬六路呢？

这还要从出土隋石俑的隋朝墓说起。李所长是这样说的："这个墓的主人是隋文帝的舅舅。这是济南市区出土的唯一一个隋朝皇家墓。这个墓和秦琼父亲的墓相隔不过100米，可以推断出，当时济南经七路纬六路到纬四路这个区域，属于隋唐时期的贵族墓区。也可能是唐朝建立后，秦琼衣锦还乡，把父亲的墓迁回故里。"

在秦琼父亲的墓出土前，很多人认为五龙潭公园内的秦琼祠就是秦琼故居。相传唐朝时，为纪念秦琼，人们在五龙潭畔建造了秦琼祠堂，并建了秦琼府第，后被历代建筑所代替。这里之所以被认为是秦琼故居，是因为有块碑——"唐左武卫大将军胡国公秦叔宝之故宅"碑。据说这是清顺治年间济南的秦氏后裔整修老宅特意刻立在大门前的碑。但到了嘉庆、道光年间，破败的秦氏子孙分割故宅出卖。碍于此碑声望，没人敢买房，他们就把石碑移至五龙潭公园南门附近。现秦琼祠建成后，此碑又再度移至祠内。

五龙潭为秦琼故居的说法，最早见于元代著名文学家张养浩的《复龙祥观施田记》。该文记述道：闻故老言，此唐胡国公秦琼第遗址，一夕为雨，溃而为渊。什么意思呢？传说秦琼过世后，他的后人住在这里。秦琼后人因无法施展抱负，约知己好友借酒消愁时吐露怨言，结果被奸人密报给朝廷。朝廷来秦府抄家时，突然雷雨交加，秦府塌陷，泉水冒出。从此秦府便神秘消失，被一池潭水所取代，也就是今天的五龙潭。

这座秦琼祠，虽然不是秦琼故居所在，但也是按唐代风格而建，祠堂内

秦琼祠

外融汇了浓郁的唐文化和济南乡土文化。在传统祠堂装饰手法的基础上，秦琼祠充分发掘秦琼忠、孝、义、勇、信之精神，辅以隋唐文化，使这里成为瞻仰山东好汉秦琼的重要地方。

都说济南多名士，秦琼是其中声名在外、影响最广的代表；秦琼文化，也是济南这座历史文化名城的重要组成部分。

相信，这位生于济南的山东好汉会被更多人知晓，秦琼文化也会得到更加深入的挖掘，父母之孝义、兄弟之情义、江湖是非之道义、家国使命之大义将会在济南这片土地上继续发扬光大。

扫一扫，看同期节目视频

# ◎ 济南战役（一）：沙场秋点兵

一进入9月，济南就开启了一年当中最惬意的时光：天高云淡，秋风送爽。然而，对济南人来说，9月，更是一个不平凡的月份，一个应当被铭记的月份。因为，1948年的9月，一场彻底改写济南命运的战役，让济南这座古城迎来解放、浴火重生。这，就是济南战役。

济南是非常重要的战略要地，这主要得益于它特殊的地理位置。它位于津浦、胶济两线的交叉点，南可以与徐州呼应，北可以与平津支援，是当时蒋介石在全国战略部署中牵一发而动全身的重要之地。

蒋介石曾对驻守济南的王耀武说："济南绝不可放弃，如有意外，你要负责。"当时，毛泽东则对即将指挥济南战役的粟裕说："此役，关系

济南战役茂岭山战场遗址

甚大。"1948年的济南，成为国共双方一试身手的重要战场，也是国共双方倾力博弈的第一个大城市。

1948年9月2日，我军确定济南战役的作战方案为攻济打援：令华东野战军秋季作战，以攻克济南为主要目标，并准备歼灭徐州北援的国民党军。

济南市社科联机关党总支专职副书记谢鲁海说，在济南战役的部署中，有一个很大的难题：怎么处理好攻城和打援的关系。济南有敌人的十万重兵防守，并且敌军在徐州有三个兵团，可以随时增援济南。不真打济南，徐州不会增援；但是真打济南，一旦援军赶来，被合围，后果致命。如果主要兵力打援，济南城久攻不下，整个华野被拖在山东战场，后果也是不堪设想的的。

然而，最终确定的作战方针是攻城和打援同时进行。这一计划，一反兵法里"一真一假""一虚一实"的祖训，将32万华东野战军兵分两路，组成攻城集团和打援集团。济南战役，是毛泽东和粟裕一生中极少分兵真攻实打的战役。

粟裕兼任打援集团总指挥，攻城总指挥是许世友。本来，担此重任的并不是许世友，因为那时他身体有伤，正在养病。事关重大，毛泽东在临战前亲自点将，让许世友赶紧回来。

据了解，许世友是一个传奇人物。他8岁入少林习武，16岁参军，不仅有一身好武艺，而且还有卓越的指挥才能。他性格刚烈，作战身先士卒，特别能鼓舞士气。许世友提出，用"牛刀子战术"攻克济南。什么叫"牛刀子战术"呢？杀牛要杀要害，要抓住敌人要害部位，集中兵力，杀出一条血路，钻进去打，像一把锋利的尖刀，直插敌人的心脏。

兵对兵，将对将。蒋介石也特地喊来了国民党将领中的佼佼者、有"黄埔第一将"之称的王耀武。

王耀武，黄埔军校的高才生，几乎参加了所有抗日战争的重大战役，曾获国民党军中个人最高勋章。蒋介石对他寄予厚望，王耀武也一心一意做好了死守济南的准备。他凭借济南城的地形地貌，精心打造了纵深达10千米、总面积达600平方千米的永备性防御体系。当时王耀武的总兵力达11万人。他认为济南城固兵多，于是就说出这样的话："就这样的防御工事，外围我能守半个月，市区至少能守1个月。"

王耀武还和蒋介石商量好了，如果济南受到攻击，刘峙就指挥徐州附近3个机动兵团北上增援。当时国民党在报纸上甚至宣称："济南有重兵把守，有天才指挥，是不可攻克的要塞。"

1948年9月7日，山东兵团发出"攻击济南作战命令"。9月9日，我军部队分头向济南集结，"打进济南府，活捉王耀武"成为指战员们共同的誓言。交战双方，排兵布阵。济南战役历经八天八夜，打得漂亮至极，也惨烈至极。那这仗到底是怎么打的呢？

"打进济南府，活捉王耀武"旗子

扫一扫，看同期节目视频

## ◎ 济南战役（二）："牛刀子"出鞘

1948年9月，济南战役正式打响。我们知道，国民党修筑的防御工事可谓固若金汤，这仗该怎么打，又从何打起呢？这时候，许世友的"牛刀子战术"亮出锋芒。

1948年9月16日午夜12点，正是中秋节前夜。国民党军万万没想到，我军会选这么一个良辰吉日发起攻击，这首先就给了他们一个措手不及。攻城总指挥许世友是这么安排的，他把兵力分为东集团和西集团。西集团是主攻，负责攻打西郊飞机场，切断空援，因为敌人的援兵就是靠空中支援。

据当年全程参加济南战役的原13纵37师炮兵团战士王华春回忆："我们第二天就开始炮轰西郊飞机场，当时杜聿明在徐州，他派来增援的飞机根本降落不下来。我记得来了20多架飞机，光在空中转，飞机场上炮弹咣咣地炸，飞机不敢落地，转了两个小时又回去了。"

东集团聂凤智的第9纵队，被许世友称为"宰牛尖刀"。聂凤智是许世友极为倚重的大将。也正是这位聂凤智，竟然自作主张，把给他的"助攻"命令改成了"主攻"。

济南市社科联机关党总支专职副书记谢鲁海说："在我军作战史上，争当主攻的战例是非常多的，但是已经在定下来的情况下擅自更改作战命令来争当主攻，是没有的。按照许世友的脾气，他肯定会暴跳如雷。聂凤智是这样解释的：我们就是要用主攻代替助攻，打断敌人的脊梁。许世友也说，对，这就是'牛刀子战术'！两边同时插进去两个刀子，搅得敌人五脏六腑全翻个，彻底打败敌人。"

济南东郊的茂岭山和旁边的砚池山像两扇大门，扼守着济南东部，是国民党守备的重点。茂岭山高300多米，山顶修有坚固的半永久性工事，山腰设有地堡，有一个加强连把守在这里。王耀武宣称：这里起码能守一个月。但是，他万万没有想到的是，聂凤智指挥的东集团仅仅用了一晚上就攻下了这两座山头。

济南战役之历史记忆

谢鲁海说，当年守卫茂岭山的敌军是第15旅，营长朱国华失守以后往山下撤退，王耀武下令立即把他枪毙了。

说到济南战役的胜利，不能抹杀一个人的作用，这就是吴化文。吴化文，时任国民党整编第96军军长，是个出名的"跳槽"将军。他投奔过国民党，也投降过日军，日军战败后又反投国民党。1948年9月19日，也就是济南战役开战后的第三天，在国民党守军临时指挥部，吴化文又决定战场起义，投靠我军。

王耀武认为，吴化文投降过日军，欠共产党和老百姓一大笔血债，共产党肯定不会放过他，所以他肯定会死战到底，而且吴化文的军长还是他王耀武保荐的，所以守卫西边飞机场、商埠一带的重要任务交给他没问题。没想到，我军的"牛刀子"直接插进了吴化文的思想深处。

据谢鲁海说，在起义前，吴化文犹豫不决，随后去算卦，但卦象已被我地下工作者给换了。卦象上显示，起义是正确的路线。但吴化文辗转反复，还是觉得自己有两万多兵，心有不甘，还想再打一下，结果20分钟就被我军歼灭了一个营，这下彻底打消了他继续顽抗的决心，于是投向了我军。

在英雄山革命烈士陵园，长眠着两位为济南战役壮烈牺牲的战斗英雄。谢鲁海说："英雄山上安葬着在济南战役中壮烈牺牲的两位我军军事政治首长——师长王吉文和政委徐海珊，师长王吉文当时年仅32岁，是在攻打最难打、建筑最坚固、敌人最顽固的邮电大楼中牺牲的，可以想象邮电大楼作战之惨烈。"

邮电大楼是原国民党第二绥靖区司令部所在地。如今在鳞次栉比的高楼大厦中，它并不是很起眼。但在1948年，它是最高的建筑物，也是国民党军队火力最强、防守最坚固的据点之一，里面明碉暗堡一个接着一个，拥有100多个火力点和1000多个步枪射孔。也就是在这里，爆发了济南战役中在一栋建筑物里最为惨烈的攻坚战。

据谢鲁海说，我军3纵8师师长王吉文就是在邮电大楼的东南方向壮烈牺牲的。敌我双方都伤亡惨烈，敌人被歼1000余人，我军也伤亡五六百人。这场作战从9月21日晚上8点一直打到22日下午5点。在伤亡惨重的情况下，我军用了7个30~70斤的连续爆破，终于拿下了这座大楼。

我们英勇的攻城兵团，真的就像是一把牛刀子，从9月16号开始，以摧枯拉朽之势迅速突破敌人多道防线，只用7天时间就直逼内城。强攻内城，是济南战役最后的决战，也是最艰苦卓绝的战斗。它到底有多难打，又发生了哪些可歌可泣的战斗事迹呢？

扫一扫，看同期节目视频

## ◎ 济南战役（三）：血战夺内城

1948年9月23日，我军攻城部队兵临济南内城城墙之下，只用了一天时间就突破内城，取得了济南战役的伟大胜利。然而，这一胜利果实得来之不易超乎想象。

现在的解放阁就是我军当初攻打的内城城墙，城墙高14米，宽约12米。当时城墙上子母堡相连，炮台林立，形成严密的火力网，护城河也是又宽又深，不易泅渡。

济南内城，可以说是国民党防御体系的核心阵地，也是最后一道防线。在攻打内城之前，我攻城兵团已经经历了七昼夜的连续奋战。国民党总指挥王耀武以为我军伤亡重大，疲惫不堪，肯定要经过几天休整才会继续进攻。可让他再一次没想到的是，我军一鼓作气，就在拿下外城当天傍晚6点，继续向内城发动总攻。

济南市社科联机关党总支专职副书记谢鲁海说，攻城当晚一共组织了四次进攻，前三次都失败了，直到凌晨2点，9纵73团7连2班班长李永江作为打开突破口的第一人翻墙成功，大部队随即突入内城。据解放阁的工作人员说，在这次攻城中，9纵73团被授予"济南第一团"荣誉称号，这是我军首次给团级单位授予荣誉称号。

其实，在突破解放阁之前，西门已经被率先攻破了。但是由于敌人反击力量过于强大，好不容易打开的突破口又被封上了。

谢鲁海接受采访时说："当时是109团13纵进攻。刺刀捅弯了，就用十字镐、砖石打，最后登上城墙的突击队员全部壮烈牺牲。要拿担架往下抬伤员时，伤员却说'不用了，踩着我们上去就行'。毛主席听了都为之动容。"

国民党守军临时指挥部旧址

眼看大势已去，当时国民党总指挥王耀武满脑子就一个字：逃！大明湖公园的地下室，就是当年王耀武出逃之地。

谢鲁海继续说："当时王耀武化装成生病的小商人，向青岛逃去。在寿光遇到我军盘查。结果他用的手纸是进口的，雪白，特别高档，引起了我军怀疑，接着额头上的军帽痕迹彻底让他露馅了。"

"打入济南府，活捉王耀武。"仅用八天，这句口号就变成了现实。济南战役的胜利，为我们人民解放军战争史书写了辉煌的一页，同时也使济南这座千年古城重获新生。时至今日，英勇顽强、敢于胜利的济南战役精神仍在济南这片土地上闪闪发光。

扫一扫，看同期节目视频

## ◎ 济南战役（四）：中秋夜·济南城

中秋节，是中国人最重视的传统节日之一。在济南的历史上，有一年的中秋节意义非凡。哪一年呢？1948年。因为让这座千年古城迎来解放、浴火重生的济南战役，就是在1948年中秋节来临之际打响的。

1948年中秋节前夜12点整，我军攻城部队总指挥许世友下达了攻城命令。于是，两个集团军兵分东西同时向济南守敌外围防线发起攻击。中秋节当天，宋时轮率领的西集团将许世友的"牛刀子战术"发挥得淋漓尽致。他们就像一把尖刀，大胆楔入，直插敌军内部。

原华野13纵37师炮兵团战士王华春说："第一天晚上打长清，用了两个小时，消灭一四千人。敌人没准备，我们突然插进去，就把长清解放了。"

还是在中秋节这一天，聂凤智率领的东集团也在一夜之间攻克济南东郊制高点茂岭山和砚池山两个坚固据点。

济南市社科联机关党总支专职副书记谢鲁海接受采访时说："茂岭山防御工事坚固到什么程度呢？国民党自己拿炮轰都没事。据说茂岭山这么坚固的据点至少能守一个月，可我军一晚上就把它攻克了。茂岭山激战时，国民党指挥官朱国华正与家人在济南城内赏月，他没有想到解放军会选择这一良辰开仗。失守后，王耀武气得直接把朱国华就地枪决了，让他以后都别想过中秋节了！"

还有一个小故事也和中秋节有关。据谢鲁海说，在攻下茂岭山前，在现在龙奥上井村那个地方，咱们的解放军占领了敌军的一个营房，发现了

7斤月饼。据说这是国民党抢的一个开小商店的刘大爷的，看来敌军是准备过节吃的。我军缴获后，坚决履行"不拿群众一针一线"的纪律，把月饼还给了老百姓。尽管当时他们打了半天仗，已经饿得前胸贴后背了。

现在回头看，济南战役这场仗，打得很快，8天8夜就拿下了城池，但是，其中的艰难、惨烈一言难尽。

据王华春说："打到青年公园，我负伤了，七个人伤了仨，班长眼含热泪问我能不能坚持，我说能。就这样，我负伤坚持到最后。轻伤不下火线，重伤不叫苦！"

这是我军第一次攻打十万重兵把守的大城市。据老兵回忆，敌军当时在经七路附近修的防御工事非常坚固，挖的战壕深三米，宽六七米，想穿过去别提多费劲了！更何况上下都有碉堡，一个连着一个。敌军还把百米之内的民房全都拆光，别说树了，草都除得光光的。然后在地上插梅花桩，梅花桩就是木头橛子，再在上面缠铁丝网，横七竖八、密密麻麻，再在上面挂上罐头盒子当铁铃铛，最后用树枝盖上，根本没法过人。

我军用了什么办法呢？据王华春回忆，"主要是派步兵送炸药包，30斤一包，一个人抱一包，三人一组。炮兵轰个乱七八糟后，步兵再上去炸一片，铁丝网崩了，场地就炸出来了。一个接一个，一组接一组，就这么硬炸"，直到穿过去。

济南战役的作战总方针是攻济打援，即攻克济南和准备歼灭徐州北援的敌军。所以，32万人的华东野战军被分成了攻城和打援两个部队，攻城的有14万人，打援的有18万人。其实，从兵力配比上也能看出，打援相当重要。万一城没有攻下来，再阻挡不了敌方援军，那咱们的攻城部队可就被包包子了。

谢鲁海说："我军以18万兵力阻援打援，就是打徐州随时准备增援济南的敌人——黄伯韬兵团、李弥兵团和邱清泉兵团。这三个兵团是敌人的主力兵团，战斗力强，装备好，对我军威胁非常大。"

袁永福，原华东野战军8纵22师64团侦通连副班长。在济南战役阻援打援战斗中，荣立一等功，被授予"战斗模范"称号。

据他回忆，1948年9月18号，也就是中秋节第二天，他奉命去二营送情报，路过一个小村庄时，他听到了两声枪响。他感觉有情况，果不其然，不一会儿跑出来一个人，见到他就跪地求饶。原来，这是国民党的一个逃兵，正被两个人追杀。袁永福急中生智，一下子俘虏了他们三人。

据俘虏交代，后面还有两个敌兵。袁永福事后才知道，那是敌人的一个情报处长和他的参谋。我军从他们身上获取了重要的军事情报，这对打援任务起到了重要作用。

袁永福说："他（情报处长）一看，那三个在那蹲着呢，拔腿就往后跑。随后我大喊'缴枪不杀'。我们优待俘虏嘛。我叫那三个俘虏也一块喊，我们都喊话，他（情报处长）还是不听，我一枪把那个跑在前头的打着了，他一头栽倒在地。（我们）再接着喊，第二个还不投降，我端起枪，一枪把他打倒了。"

济南解放69年（节目播出于2018年）了，胜利果实来之不易。每一个战斗英雄，都曾是一条鲜活的生命。是他们，抛头颅，洒热血，舍生取义，为我们换来解放与和平。请不要忘记，安宁生活从何而来；请更加珍惜，身边的家人和朋友；也请继续努力，把济南建设得更加美好，才能不负先烈遗志。

扫一扫，看同期节目视频

# ◎ 章丘旧军：孟氏家族起苍黄

在中国近代商业史上，咱们济南人曾缔造出一个富甲一方、货通中外的商业帝国，那就是孟氏"祥"字号。它开了连锁经营模式之先河，旗下的瑞蚨祥、瑞生祥、谦祥益等"祥"字号，时有京津"八大祥"之称誉，还塑造出一代大商孟洛川。

那孟氏"祥"字号的发源地在哪儿呢？就是这里——济南章丘区刁镇的旧军。

章丘当地有个老歌谣："金旧军，银回村，铁打的刁家庄，破烂的水寨街，秫秸瓢插起的大沟崖。""旧军""回村""刁家庄"，都是当地地名，孟氏故居所在的旧军，当地人赞它是"金旧军"。为什么要加个"金"字呢？主要还是因为孟家在这里。

孟家可以说是名副其实的豪绅望族。用现在的话说，他家才是真土豪。当年这里流传一种说法：给你一匹宝马良驹，三天三夜也跑不出孟家的地。这个说法可不算夸张，单以孟氏老家旧军为例，据记载，1949年以前，旧军镇共有土地14400亩，孟氏家族就占了10000亩。

在孟氏"祥"字号发展壮大的过程中，孟氏商人在老家也大兴土木，祠堂、住宅、私塾学校、花园，华丽壮观，堪称一绝。孟氏古楼，现在是旧西村村委会所在地，是山东省第五批文物保护单位之一。这栋楼现在看起来比较陈旧，但当年的宏伟气势依稀可见。

章丘区刁镇旧西村支部书记孟永说："最早的时候，这个院子是旧军孟家进修堂，也就是谦祥益的东家孟养轩的住宅。当年，瑞蚨祥和谦祥益都是咱旧军孟家在驻外地的商号'祥'字号当中的佼佼者，进修堂当年也是旧军孟家十大堂号之一。当时这个院子面积很大，大概是三进院落，有一百多间房间。咱现在看到的是最后一排房子，当年是用于放杂货、当仓库用的。"

章丘区旧西村妇联主席李国红说："这个大门叫"垂花券顶门"，是以前孟洛川的近支忍耐堂的一个大门。忍耐堂的这个垂花券顶门是现在我们济南市保留最完整的一个。整个大门的雕花技艺精湛，整体造型精致，代表了孟氏家族当年的财富地位。"

孟永继续说："旧军孟家有一个老花园。当时旧军孟家，包括孟洛川这个家族，在咱旧军大概有十多处花园，每一处都富丽堂皇。咱在的这一处，当时占地大概四十余亩，时称'宜园'。花园里面有假山，有小桥流水，孟氏还从南方的苏杭一带请来专门花匠对这些名花木草进行维护。这个城墙边上还设有大水车，还有龙头，曲径通幽，水车一转，龙头里的水就顺着水渠流出来了，非常美丽，也非常壮观。再一个呢，当时民间每月初一，花园还对全庄的老百姓开放，成为一个很漂亮的景点。"

孟氏的壮大并不是一蹴而就的。他们是"亚圣"孟子的后裔，他们都以耕读为主，自孟子第五十五世孙迁居旧军之后，祖上文人辈出，科甲蝉联，进士、举人、秀才都有不少。那他们是怎么走上经商这条路的呢？明末清初，旧军北边有个辛寨村，盛产土布，名曰"寨子布"，名噪一时。孟子第六十二世孙孟闻助看出里边的商机，就推着小车四处赶集，到济南、周村等地贩卖寨子布，从此开始发迹。经过五代积累，到了乾隆年间，孟家就由行商变为坐贾，立了门脸，他们先后在周村、济南、北京开了店，孟氏"祥"字号由此问世。

孟洛川第五代长孙孟庆钢说："孟氏最早创办的所有商号都带一个'祥'字，为什么呢？主要是做生意取'吉祥如意'的概念。我们孟氏家族后来发展越来越壮大，在鼎盛时期就形成了十大堂号，中国的'八大祥'就源于十大堂号。再后来，我们孟家不光卖布，还卖杂货，开钱庄、当铺等。"

有道是"官不出五世，富不过三代"，而孟氏家业能够延续十几代不衰，原因是什么呢？得益于总有关键人物于关键时刻扭转乾坤。当孟家繁衍到第六十八代"传"字辈时，又出现了一位人物，叫孟传珊。这个名字值得记住。因为他是一代大商孟洛川的父亲，也正是他创建了后来名扬四海的瑞蚨祥。

孟庆钢说："要说瑞蚨祥是怎么来的，得从孟传珊娶了济南章丘西关高家的闺女高即蕙说起。西关高家是名门望族，高即蕙是章丘西关兵马指挥的妹妹。当时高即蕙是带着3000两白银嫁进孟家门的。而孟传珊呢，考功名考了几年都没有考上，所以高即蕙就鼓励丈夫说：'你出门经商吧，我给你3000两白银投资开店。'于是孟传珊就在淄博周村盖了房子开店做生意，取名'万蚨祥'。起初孟传珊主要是卖铁锅、农具。因为他经商厚道，商品质量好，价格又便宜，由此声名远播，生意越做越大。恰逢当时

孟洛川纪念馆

有一个布店要出售，他就把这个布店盘下来了。那是在1862年，也就是清朝同治元年，这个布店挂牌'瑞蚨祥'。"

商号的名称，是商业文化名片，寄托了商家的经营期望。商家取名，往往煞费苦心，深思熟虑。瑞蚨祥的名字也是如此。其中的"蚨"字，来源于青蚨还钱的典故。根据《搜神记》记载：相传，青蚨生子，取其子，母即飞来，不以远近。所以用母血或者子血涂钱后，无论先用母钱还是先用子钱，皆复飞归，寄托了钱能生钱、资本返还、利润源源不断的美好愿望。

孟氏"祥"字号，鼎盛时期遍布全国，达136家。这些"祥"字号相伴相生，竞相发展。这其中又以瑞蚨祥独领风骚。然而，瑞蚨祥真正发展壮大，成为驰名中外的百年中华老字号，并不是在淄博周村，而是在咱们济南。这是为什么呢？这里头又有哪些鲜为人知的故事呢？

扫一扫，看同期节目视频

# ◎ 瑞蚨祥：连锁传奇，济南开场

瑞蚨祥是中国第一家连锁经营的老字号，为孟氏"祥"字号商业的龙头字号、"八大祥"之首。当时的北京城有个歌谣流传多年："头顶马聚源，身穿瑞蚨祥，脚踩内联升。"上至达官显贵，下到平民百姓，都以穿戴瑞蚨祥为荣、为时尚，瑞蚨祥名满京城。

美国零售业巨头沃尔玛公司创始人山姆·沃尔顿生前也曾说，他创立沃尔玛的最初灵感，就是来自于中国的古老商号瑞蚨祥。那您知道瑞蚨祥第一个连锁店是开在哪儿吗？就是咱们济南。

1868年，在济南院西大街，今泉城路路南，曾建有五间门楼，瑞蚨祥缎店就从这里开张，主营绸缎、绣品和布匹。这是瑞蚨祥商号的第一家连锁店。时任瑞蚨祥掌门人的，就是一代大商孟洛川。

孟洛川，名继笙，"亚圣"孟子第69世孙，孟氏"祥"字号鼎盛时期代表人物，瑞蚨祥连锁店创始人和掌舵者，著名商人。孟洛川从小就精明灵巧，善于算账，13岁在周村瑞蚨祥店里做学徒，18岁就成为孟氏家族在全国"祥"字号的商务主政，代表孟家主管所有"祥"字号，后来第一时间把瑞蚨祥开到了济南。

## 瑞蚨祥第一家连锁店为何开在济南

孟洛川第五代长孙孟庆钢说："我是这么理解的。一个原因是我的老家章丘旧军本身就是在济南，所以说回到济南来开设店铺呢，是出于家乡情怀。另外一个（原因）呢，瑞蚨祥的发展根源于我们山东人的厚道和诚信。"

孟洛川十分信任家乡人。他把员工分为七个等级，最后一个等级是内伙计跟外伙计。何为外伙计？比如在天津开店，店里招聘的天津本地员工就是外伙计。只有内伙计才有机会升到上面几个级别，管理层全部用的都是山东人。

山东是礼仪之邦。这种地域文化成就了孟洛川对瑞蚨祥的经营思路，使之在良性竞争中发展起来。也是在济南，孟洛川确立了连锁经营、股权激励、所有权和经营权分离等经营模式，开创了中国乃至世界工商管理之先河。

济南瑞蚨祥创立之后，很快便兴盛起来，还一跃成为济南商界老大。至于它是怎么发迹的，这还要说到一个令人拍案叫绝的故事。

### 孟洛川为什么能成"金融巨鳄"

话说时任山东巡抚丁宝桢想要平定进入山东境内的捻匪，却苦于没钱。关键时刻，孟洛川伸出援手，直接拿出百万银两，解了丁宝桢集资的燃眉之急。不过，这钱可不是白给的，他向丁宝桢要了茶、钱、布三样榷权。什么意思呢？就是进入山东的所有茶叶、金钱、布匹，都要通过瑞蚨祥。

孟庆钢说："小舍小得，大舍大得，这就是孟洛川的商业头脑。当时孟洛川把钱捐给丁宝桢之后，拿到了几个榷权。其中茶权是非常厉害的。因为济南当时并不盛产茶叶，但是喝茶成风。进入济南的所有茶叶全要通过瑞蚨祥，可想而知，它的利润有多大。同时他又在济南当地联合自己的'祥'字号，在丁宝桢的护佑下发行了乡饷债券，由此发展壮大了经济实力，当时报纸上称孟洛川为'金融巨鳄'。"

到20世纪30年代，瑞蚨祥已经发展成一个集布匹、绸缎、钱庄、当铺、茶叶、金银首饰等众多经营项目之大成的商业工国，成为中国北方最大的民族资本，以济南为中心向周围辐射，在北京、天津、沈阳、上海、武汉等地，共拥有16家企业、30个连锁分店。

### 孟家有把"良心尺"

"祥"字号在孟洛川掌权后发展迅猛，这还得益于他的经营之道。它有很深的儒家文化烙印，其中最重要的一点就是诚信。

孟洛川纪念馆珍藏着一把早年芙蓉街上瑞蚨祥店独有的"良心尺"。这把尺子比正常尺子长一寸。因为卖布的时候总会有一点误差，布本身也会有一定缩水量，瑞蚨祥就用"良心尺"多量出一些，等于说顾客买得越多，瑞蚨祥送得越多。

孟庆钢说，在他们的家族文化里面有这么一句话：施比受更为有福。

阿庆哥不禁感慨："难怪过去人们都说瑞蚨祥的尺子大，都愿意去瑞蚨祥买布，（因为）去瑞蚨祥买布做衣服不用再另贴边。尤其是在物资匮乏的那个年代，生活都精打细算，能多一寸是一寸。这对日子过得拮据的老百姓来说，是很大的实惠，这把尺子也量出了瑞蚨祥的良心。"

### 瑞蚨祥的规矩不老少

很多老济南人都知道，在经二纬三路口附近，有一家瑞蚨祥绸布店，这是济南市现存最早的，也是唯一的瑞蚨祥店铺。它的前身，就是孟洛川在1924年建立的瑞蚨祥鸿记分店。

瑞蚨祥绸布店分公司总经理索元全说："我们店里有16个字——'至诚至上、货真价实、言不二价、童叟无欺'，这是孟洛川在一百年前为瑞蚨祥立下的店训。几代瑞蚨祥人，一直到现在，仍然秉承这种经营理念来管理企业，为顾客服务，为社会服务。"

孟庆钢说："瑞蚨祥的崛起并非偶然。当时济南民间有这样的说法：瑞蚨祥有三宝——人情、实力、脸子好。"

瑞蚨祥是怎么做生意的呢？瑞蚨祥要求对待顾客无论贫富，一视同

瑞蚨祥店训

仁。无论是冬天还是夏天，所有店员都是穿着长衫的，只要客人一进店，店员就要全体起立。这就是当时瑞蚨祥对客人一个特别大的尊重。客人进店以后，先给客人看茶，坐下先落落汗，休息一下，还提供净手服务。

店里还有"瞭高的"，如果你领着客人转了一圈，客人没有买走东西，就会受到责罚，会问你为什么没有把产品推荐出去。

推荐产品也是有方法和技巧的。你得会看客人的体相和面相。如果分辨不出来，就先拿中端货。客人觉得贵了，你就再拿便宜的；客人觉得便宜了，你再拿贵的。店员不能和客人发生争执，哪怕遇到不讲理的客人，也要尽量满足客人需求，化干戈为祥和。所以说进到瑞蚨祥的店里，要是不买东西走，你可能都不好意思。

当年，一踏进济南瑞蚨祥店门，正面墙上还有"修身""践言"四个大字。孟洛川虽是商人，但举止言行、待人接物，唯孔孟之道是尊。他要求店员规规矩矩做人，诚诚恳恳待人，修身正心付诸实践，言行一致。

孟庆钢说："孟洛川制定了很严格的规章制度，比如说我们山东人非常喜欢吃蒜，他是绝对禁止店员吃蒜后上柜台的。孟洛川还特别反对打架斗殴。无论对错，店员只要打架，就一定要出号。"

然而，很多人都以进瑞蚨祥工作为荣，因为进了瑞蚨祥基本意味着衣食无忧。首先，这里的薪资待遇比其他地方要高，管吃管住。其次，福利好，负责员工家属的养老送终，女眷出嫁还送嫁妆。

### 乱世求生，孟家自有其社交智慧

清末民初，军阀割据，战乱不已，但孟氏"祥"字号，却在走马灯似的中国政治势力更迭中生存了下来，而且不断发展壮大。这还得益于孟氏家族的社交智慧。

孟洛川的长女是当时济南高官沈廷杞的儿媳，二女儿嫁给了大总统徐世昌，三女儿嫁给了南洋大臣张之洞，孙女是山东督军张宗昌军法处长的儿媳……无论是前清的文武官僚，还是民国时期的军政势要，孟家都与之有着盘根错节的密切关系。

### 富甲一方，朴素日常

孟庆钢说："我奶奶是大军阀曹锟的侄孙女。曹锟当过大总统，家里特别有钱，房子特别多。孟曹两家隔得还挺远，中间还有一条宽宽的河。我听奶奶说，她出嫁那天，迎亲队伍前头都进了孟家门，后面队伍还没出门呢。

"不过，我们孟家虽然富裕，但是勤俭持家。奶奶嫁过来，天天白菜豆腐汤，只有曹家派下人送提盒来时，（家人）才能捞着吃点荤腥。我们孟家只有到了月底的时候才开一次荤腥，荤腥也不是特别好的菜，就是黄瓜片炒肉。我的老太爷孟洛川本人，早上起来也就是一碗粥、一碟咸菜，日子过得很朴素。"

以孟洛川为代表的孟氏商人，用儒家思想管理商业活动，打破了人们对商人唯利是图的刻板印象，留下了宝贵的儒商之道和独特的商业文化，塑造出北方特有的儒商形象，创造了中国近代商业史上的奇迹。

　　然而，孟氏"祥"字号的发展并不是一帆风顺的，中间几度遭遇毁灭性摧残。它到底经历了什么，孟氏商人又是如何力挽狂澜的呢？

扫一扫，看同期节目视频

# ◎ 孟洛川：一代大商铸传奇

　　孟洛川，是章丘旧军孟氏"祥"字号的领军人物、济南瑞蚨祥连锁店创始人，是咱们济南人的杰出代表，被誉为"一代大商"。要知道，会做生意的人不少，经商致富的人也不少，为什么只有孟洛川成为一代大商呢？这个美誉是怎么来的呢？

　　孟洛川及其所在的孟氏家族，在商业上取得巨大成功，积累了巨额财富。那他们的钱都花到哪去了？除了用于商业发展投资之外，还有很大一部分用在了赈灾、救贫、教育等慈善活动和公益事业。孟洛川因此博得"慈善家"的称号。在当地，孟氏家族被誉为"一孟皆善"。

　　章丘区刁镇旧西村支部书记孟永说："孟氏旧军的这个古圩墙，当年是由孟洛川家族发起修缮的。它是孟洛川的恩师李元湘老先生设计的，整个城墙像一个佛手，总长4260米，在当年是非常坚固的。城墙大概有4米多高，接近5米宽，上面可以跑大马车。当年章丘有一个土匪叫张鸣九，几次到旧军来骚扰，都被这个城墙给拦住了，几次侵犯都没成功。再一个呢，城墙比较高，也起到了防水患的作用。有一年黄河决口，多亏城墙的存在，旧军才没被淹。所以说，古城墙在旧军人心中是一座守护神。它保佑了一方平安，让旧军的老百姓能在此地安居乐业。

　　"孟氏经商讲究的是财自道生，利源义取。有一年黄河决口，很多灾民涌入旧军村，孟洛川立即下命令开仓放粮，随后沿着黄河岸堤搭了300米长的粥棚舍粥救人。在我们本村，到冬天的时候孟洛川会舍棉衣，到夏天的时候会舍单衣，同时他自己开的药铺是对老百姓免费开放的。孟洛川一生做了很多善事，数不胜数。"

胶济铁路是山东第一条铁路，建成于1904年。它连接济南、青岛两座城市，是横贯山东的运输大动脉。但也是在修这条铁路期间，侵略者对当地劳动人民进行极力压榨和剥削。

孟洛川第五代长孙孟庆钢说："当时修胶济铁路的材料都是用人抬、用肩扛来的，累死了很多民工，铁路沿线可以说是白骨累累。因为它占用的都是良田，所以当时没有办法去掩埋。孟洛川就和他兄弟联合把这些地买下来，贴出告示，免费掩埋尸骨，让当地很多老百姓非常感动。"

孟洛川之所以被誉为"一代大商"，还在于他把"诚信"二字做到极致。1900年八国联军入侵北京，当时在大栅栏的瑞蚨祥被大火烧掉了，账本也烧没了，损失极为惨重。但孟洛川做出一个承诺：凡瑞蚨祥所欠客户的款项一律奉还，凡客户所欠瑞蚨祥的钱物一笔勾销。瑞蚨祥这非凡的气魄和良好的商业信誉，在当时社会上引起了巨大震动。

在经二纬三路上有一家瑞蚨祥绸布店，它的前身是孟洛川开设的瑞蚨祥鸿记分店，是咱济南第一座钢结构建筑。当初盖房子的时候，甚至还在房梁上用了铁轨。盖房子怎么能用铁轨呢？这里边有一个典故。

孟庆钢说："当初泉城路上的瑞蚨祥也被烧了，那是三间大瓦房，后来就买了铁轨来复建。孟洛川意思是，既然我用砖盖的房子，你能给我推倒，给我烧毁，那我就用铁轨来盖房子。刚好那时候修胶济铁路有很多剩下的铁轨，孟洛川就把铁轨买过来盖成了房子。当时泉城路上盖的房子，整个框架全是用铁轨盖的，连窗户梁子都是铁轨，搞得跟监狱似的。就是你给我烧了，框架我也能保留，这叫'倒门倒店不倒户'。他就认为，我一定要把瑞蚨祥永远干下去。我们在经二路瑞蚨祥依稀可以看到剩下的一些铁轨材料，也算是一段历史的见证吧。"

然而，商帮荣枯系于国运。随着抗日战争爆发，孟氏"祥"字号元气大伤。1939年，执掌瑞蚨祥70年的孟洛川去世，瑞蚨祥逐渐走向衰败。不过，孟洛川倾毕生心血打造的瑞蚨祥依然保有品牌的号召力和公信力。中华人民共和国成立后，天安门广场升起的第一面五星红旗的面料，就是周恩来总理指定瑞蚨祥提供的。

孟庆钢说："实际上这个布料不是在柜上拿的，而是在地窖里。一般的商家进布之后，都要有闷色的过程。因为我们国家当时染色技术不是特别好，所以说一般情况下，商家都要闷一到两个月再销售。而瑞蚨祥是闷半年到一年，再从地窖里拿出来。所以最后周恩来总理指定瑞蚨祥做了中国第一面五星红旗，也就是毛主席升起的那面巨幅五星红旗，这还得源于孟氏家族经营瑞蚨祥的这种诚信文化。"

1954年，瑞蚨祥率先实行了公私合营。如今的瑞蚨祥，仍然是响当当的中华老字号，但是它的经营范围有所改变，和孟氏家族也没有什么关系了。但是孟氏"祥"字号所蕴含的儒商文化仍在济南传承。

孟庆钢说："现在我以孟洛川的名字作为我企业的商号，是想把孟洛川蕴含的诚信精神和儒商文化，以及他的传统手工制作技艺，推出国门，推向世界，最终发扬光大。"

瑞蚨祥布店

　　财自道生，利源义取，利义并举，方为大商之道。现在咱们济南正在深化"一次办成"改革，全力优化营商环境。我们期待，在新时代的营商环境中，以孟洛川为代表的大商文化，能够被更好地继承和发扬下去，守正创新，发光发热，助力济南成为"大强美富通"的现代化省会城市。

扫一扫，看同期节目视频

# ◎ 济南的建党大业

7月1日，是一个非常重要的节日——七一建党节，也就是中国共产党诞生纪念日。中国共产党的成立，是中国历史上开天辟地的大事变。

在中国共产党正式成立之前，济南就有了早期共产党组织。1921年春，王尽美、邓恩铭等一批拥有共同革命志向和追求的青年马克思主义者，共同创建了济南共产党早期组织。济南成为国内最早建立共产党早期组织的六个城市之一，是山东共产党组织的发端地。

在五龙潭公园里，一座4米多高的花岗岩雕像掩映在苍松之间，这就是革命先驱王尽美和邓恩铭的雕像，建于1986年。王尽美手握的，是山东最早的党刊《晨钟报》。咱们都知道，1921年7月，在浙江嘉兴南湖的一只游船上，召开了中国共产党第一次代表大会，中国共产党正式宣告成立。当时，代表济南参加会议的就是王尽美和邓恩铭。

中国共产党山东省党史陈列馆馆长李涛说："王尽美和邓恩铭的历史功绩，我个人认为可以用三句话来概括。"一是1921年春，王尽美和邓恩铭创建了济南共产党早期组织，使济南和北京、上海、广州、武汉、长沙一道成为国内最早建立共产党早期组织的六个城市之一；二是1921年7月，王尽美、邓恩铭出席了中国共产党第一次全国代表大会，直接参与了中国共产党的创立，成了中国共产党的创始人；三是中共一大13个代表，善始善终者仅6人，这其中就包括我们济南的王尽美和邓恩铭。他们二人始终坚定共产主义信仰并为之奋斗不息，王尽美牺牲时年仅27岁，邓恩铭也才30岁。非常了不起。"

在距离雕像差不多50米远的地方，矗立着一座二层的石头小楼。这是中共山东省委领导机关旧址，是山东省委机关第一个办公地点，也是济南迄今唯一保存完好的大革命时期革命活动原址，王尽美和邓恩铭就曾经在这里秘密开展党的工作。

李涛馆长说："这个旧址，当初的门牌号是东流水街105号。一楼卖阿胶，是个阿胶门店，二楼就是我们中共山东省委领导机关的秘密办公地点。当时，王尽美化装成教师，邓恩铭化装成账房先生，两人经常出入其间，在这里秘密开展党的工作。革命的星星之火，就从这里燎原了整个齐鲁大地。可以说，这栋小楼是我们山东党组织梦想起航的地方，也是我们山东的'红船'。"

过去的东流水街是济南民族工业发祥地之一，染织、造纸、电力、面粉等产业大都从这兴起。王尽美和邓恩铭选的这个地方可以说是很隐蔽了。当初，他们就在二楼密议党务工作，尤其是王尽美，数日不出，在这草拟文稿，油印党刊。这里还保留着王尽美休息的地方。

1991年，在中国共产党诞生70周年前夕，依托中共山东省委领导机关旧址，中共山东省党史陈列馆扩建落成，全国人大常委会原委员长彭真题写了馆名。

党史陈列馆系统展示了多年来中共山东地方组织在革命、建设和改革等各个历史时期所走过的光辉历程，热情讴歌了中共山东地方组织带领全省人民为实现民族独立、国家富强、人民幸福所建立的丰功伟绩。

李涛馆长说："1927～1937年，10年时间，我们山东党组织的主要负责人更替了20次。为什么如此频繁呢？因为当时在白色恐怖的情形下，我们党组织的主要负责同志经常被捕、牺牲或者被迫转移，在那个年代，我们共产党人肩负更多的是责任与担当，面临的是随时牺牲的可能。"

大革命失败后，中共山东省委领导机关及基层组织先后遭到十多次大破坏，包括邓恩铭在内的大批党员群众惨遭杀害，山东党组织一度与上级党组织完全失联。

1934年5月初，赵健民、王文轩、陈太平在北郊小清河五柳闸召开会议，重新组建了中共济南市委。这为济南党组织乃至全省党组织的恢复、巩固和发展起到重大作用。

在救亡图存的抗日战争中，中国共产党领导的抗日武装起义遍布齐鲁，创建了全国唯一以省为主体的抗日民族根据地，建立了中国共产党领导的第一个省政府。

在硝烟弥漫的解放战争中，山东解放区是全党全军北上南下的战略基地。济南战役胜利后，山东解放区选派大批优秀干部参加南下接管工作，其中，济南市先后选派6000余人，大多数人长留当地，奉献一生。从中共山东党组织建立到1949年10月1日中华人民共和国成立的28年光辉历程中，山东省烈士仅在名册的就近20万人，共产党员5万余名。

这些数字，记录的不仅仅是革命先辈们的牺牲，也展现了他们忠诚的品格、坚忍的特质、担当的精神，凝聚了他们对信仰的坚守、对未来的期盼。

今年（节目播出于2018年），中国共产党已经97岁了，但是，它依然有着青年人的热血，斗志昂扬地走在前进的路上。让我们不忘初心，牢记使命，在中国共产党的领导下，实现中华民族的伟大复兴。

扫一扫，看同期节目视频

# ◎ 有一种老建筑叫电楼子

　　槐荫区经七纬三路拆违拆临时，拆出了一座奇特的建筑物：你说它像炮楼子，可是没枪眼儿；你说它能住人，连个窗户都没有。那它是干什么用的呢？

　　原来，它就是老济南口中的电楼子！电楼子，实际上就是配电室、变电所。

　　现在的电楼子，大家可能司空见惯了，基本上都一个模样——一个灰白色的小房子，上面有提醒触电危险的警示标志，外面用栅栏围着，以防有人靠近。但是经七纬三路上这座电楼子与众不同，它长、宽都在3米左右，高七八米，外墙是古朴的砖红色，一看就是有年头的老建筑。从1908年至今（节目播出于2017年），这座电楼子已经有109年的历史了，也就是说，这座电楼子已经为这片的老百姓服务了109年了！

　　1905年，也就是在爱迪生发明电灯26后，也是济南开商埠的第二年，电灯这个洋玩意儿终于来到了济南。这年冬天，时任山

纬六路上的电楼子

东机器局总办的刘恩柱个人投资27.9万银圆，在济南曲水亭街创建济南电灯房。这是济南最早的电厂，是济南近代史上第一家民族资本企业，也是山东第一家以民族资本筹资创办的电力企业。

不过，济南电灯房最初只供山东巡抚衙门及官署使用，费用很高。今天，我们习惯用"瓦"来描述电灯的度数，而当时用的计量单位是"烛光"。那时，济南的电价为：十烛光者每月一元，五十烛光者五元。当年，一块银圆可以买30斤大米或8斤猪肉，而一个月至少1块银圆的电费，也不是普通百姓承受得起的。

但是电这个东西，规模越大，用量越大，运行成本和生产成本越低。后来，电灯房更名为电灯公司，选址定在东流水街中段，又继续扩张，增添机器，向西供电至商埠一带，向南供电至泉城路一带，向东至芙蓉街一带：供电网络逐渐形成，电楼子就应运而生了。

"楼"在词典中解释为"两层及两层以上房屋"；《说文解字》中讲，楼为主屋，一般不住人。至今在农村还有这种用途的痕迹：楼下住人，楼上堆放粮食等杂物。在"楼"字后加"子"字，济南老话还有单独耸立、四邻不靠的含义。电楼子，就是为了保证供电安全，要和其他建筑留有一定距离，保持相对独立，以免发生事故波及四邻而建的。

过去，人们给"好日子"定的标准就是：耕地不用牛，点灯不用油。而紧跟时代潮流的济南，率先迈入电气时代。如果有人要找电工，知道电工去处的人就会说："电工骑着电驴子，到电楼子里拉电把子去了。"

然而随着时代的发展，电楼子逐渐消失，如今济南仅存8个。正因如此，这些仅存的电楼子以济南商埠区变电室建筑群的名义被列入济南市第四批文物保护单位名录。其中，保存最好的就是经三纬二路上小广寒这个电楼子。当初小广寒电影院的电楼子用来安置发电机。济南电灯公司成立后的好长一段时间，所供的电主要用来照明，而不用作动力，因此，电灯公司白天不工作。

济南商埠区变电室建筑群　　　　　　　　小广寒电影院

　　受此限制，早在清末就出现的电影，最初在济南只有夜场。德国人在济南三马路小纬二路开办了第一家电影院——小广寒电影院，它的营业时间就是每天晚上8点到10点或11点。大约在1920年以后，小广寒电影院有了自己的发电机，开始全天候营业，才终结了白天不放电影的历史。

　　电，是一座城市发展进步的重要标志。如今的济南，电力更充足，配电室、变电站越来越多，设计也越来越科学合理，但我们仍要铭记和感谢那些百岁高龄的电楼子。它们曾为济南电力发展做出重大贡献，它们照亮了济南这座历史文化名城。

扫一扫，看同期节目视频

# ◎ 老街巷里往事多

现在的济南，放眼望去已然一片高楼大厦。然而这座有着两千六百多年历史的老城，它最沧桑的岁月、最淳朴的生活，都浓缩在纵横交错、密如蛛网的老街巷里。

## 水胡同

一千多年前，北宋文豪黄庭坚写下"济南潇洒似江南"的诗句；一百多年前，《老残游记》里也描绘了济南"家家泉水，户户垂杨"的场景。泉水是济南的灵魂。因此，最能体现济南老街巷特色的，当属水胡同。

什么是水胡同呢？济南民俗专家张继平说，水胡同是当地居民打水、汲水、挑水的必经之路，由于过去的街巷是青石板路，居民在取水的过程中，一不小心就会把水洒落在青石板路上，地面也就经常会湿漉漉的，所以俗称"水胡同"。清末地图显示，当时的济南就有十几条水胡同。

水胡同

不过，随着时间流转，很多水胡同都改了名，如今仅有一条以水胡同命名的巷子保留下来。它位于老城区西墙根、启明街与慈林院街中间，窄而曲折，不足百米。

### 老街巷

济南老街巷的命名也极为有趣、个性十足，每一条街都有掌故。济南是历朝历代的政治文化中心，许多街巷以府城衙门得名，比如布政司街、按察司街、县东巷、县西巷、王府池子街、后宰门街等，无不带着官衙特色。

在这些老街巷中，最有意思的应该是翔凤巷了。它东起平泉胡同，西到芙蓉街，宽度仅为80厘米，是济南最窄的小巷。

关于这条小巷的来历，老济南人是这么说的：相传以前有两个在济南做买卖的章丘人来到这，隔路相对盖房，结果盖着盖着，他们发现，再这么盖下去，就把这条小巷弄得太窄了，于是相互让步，都把房子向后撤了一点。后来，巷内其他人家盖房也都往后让了让，于是人们便把小巷叫作"让让巷"。但章丘人把"让"读作"浪"，"浪浪巷"叫着不太好听。又因为小巷因两边房子的墙缝而形成，所以又改名叫作"墙缝巷"，这一叫就是好多年。

翔凤巷

后来，巷子里出了个文化人。他根据巷子里的"起凤桥"和"墙缝巷"的谐音，把"墙缝巷"改成了"翔凤巷"，主要是为了图吉祥。

这些老街巷，巷道狭窄，墙面斑驳陆离，里面单层或者双层的建筑多为青瓦白墙的小户门楼，既不像北京建筑那么盛气凌人，也不像江南人家那么娇柔妩媚，兼具硬朗和柔美，朴实自然，亲切随和，天然带出一种老济南特有的情怀。

"过去咱们居民都是在老街巷里生活，所以这种邻里之间的情谊也是非常浓厚的。街巷两边的人家经常开着门，打招呼也好，吃饭也好，都是在一块。所以这种情感、这种记忆在老济南人的心里，都是挥之不去的。"济南民俗专家张继平说。

阿庆哥也是老胡同长大的孩子。他说，小时候一到放学，小朋友们都到胡同里玩耍。他对儿时玩过的游戏，像打尜、拍糖纸、扇洋画、弹溜溜弹儿等，至今记忆犹新。那些全是老胡同的味道！

济南市民胡恺告诉记者，他小时候住的街巷路就一溜溜沥青，两边都是大青石板。

"早晨吆喝倒垃圾、换大米，这是早晨起来吆喝的……"济南市民吴兴强满怀深情地说，仿佛一下子回到了那个时代。

老街巷的日子，平淡又漫长。在这里，一辈辈人慢慢老去，一代代人繁衍生息，斗转星移，物非人也非。

不过令人欣慰的是，在保护和开发下的老街巷如今又焕发出新的活动。这也启发我们要珍惜赖以生存的家园，好好传承这座城市的历史文化。

扫一扫，看同期节目视频

# ◎ 榜棚街：古代"高考"看榜处

高考，可谓六月最火的关键词。高考成绩一出来，考生们只要键盘一敲，鼠标一点，足不出户，分数就出来了，当然也会从此迈上不同的人生道路。

其实古代也有"高考"，那就是科举考试。能否考取功名，在此一举。那古代的考生们怎么知道自己考没考上呢？当然是看榜。济南市历下区的榜棚街，一条短短的南北路，就见证了明、清两个朝代几百年间无数考生的悲与喜。

榜棚街

榜棚，顾名思义就是古代官府设棚发布乡试榜文。据说，当年的榜棚街北头有一座过街楼，楼的下面设有榜棚，棚前安了一道栅栏门，发榜时用来隔开看榜人，防止棚子被人群挤坏。

民俗专家张继平说，每逢子、午、卯、酉年月，也就是每三年，在济南贡院举行一次乡试。八月考试，九月发榜公布举人名单，因时值桂花盛开，又称"桂榜"。

科举考试是我国从隋、唐到清代分科选拔文武官吏及后备人员的一种制度，有着1300多年的历史。到明、清时期，正式的科举考试大致分为乡试、会试、殿试。只有通过乡试成为举人或孝廉，才有做官的资格，所以乡试是科考中最关键的一环。

朝廷规定，乡试一级的考试必须在各省的首府进行，所以济南从明洪武初年就成了全省秀才的乡试之地，考试的地点就在现今的贡院墙根街一带。每逢乡试，全省各地的考生来到济南，先要到如今大明湖南侧的文庙去拜一拜，再去贡院考试。由于明、清学子考试人数逐年增加，济南的贡院规模也逐渐扩大。从现在省政府大院东侧的大片宿舍区，向北一直到大明湖岸边，都是当年山东学子的乡试之所，一排排号舍林立，蔚为壮观。到清光绪年间，济南贡院共有14500余间号舍，达到史上最大规模。在那时，山东就成了全国赫赫有名的考试大省。

现在高考只需两天，作息有度，还有家长照顾，全社会都为考生保驾护航。过去"高考"，八股、应用、策问是三科连考，每一科都要考三天两夜。考试期间，考生吃、喝、拉、撒、睡都在号舍里，入场完毕就关门落锁，这叫作"锁院贡试"。自此门口有官兵站岗，瞭望楼上有官兵瞭望，高墙内外还有官兵巡逻，甭提多森严了！而且，考试的号舍很小，每间高6尺，宽3尺，深4尺，仅能容一人躺下。里面仅搭一高一低两块木板，它们白天是考试的桌凳，晚上并在一起便是睡床。济南的八月正是酷暑，考生们窝在狭小的号舍里，一边挥汗答题，一边忍受蚊虫叮咬，还要闻多种混杂的气味，那种滋味真是苦不堪言。

更煎熬的事还在后面，那就是等待放榜。

为了防止作弊，阅考官批阅的不是原始卷，而是誊录官用朱笔誊录的朱卷，考生用墨笔答写的墨卷是不能与阅考官见面的。全部考卷判阅完毕，主考官先将取中的考卷号列出草榜，发榜的前一天午后把所有考官召集到一起，再取出中榜者的墨卷和朱卷逐一核对，确认无误后才能拆除弥封，露出姓名，填写正榜。

有意思的是，写正榜时，前五名要放到最后，而且要倒着写，即从第五名写到第一名。前五名俗称"五魁"，头名称"解元"，第二名称"亚元"，三至五名叫"经魁"。考官们要一直忙活到半夜，因此他们所在的贡院至公堂，一直红烛高照，这就是人们经常能从古书里看到的闹五魁的场景。

天刚一放亮，主考官写好的榜文就被置于特制的黄绸亭内，由轿夫抬着、兵丁护着，在吹吹打打的鼓乐声中前呼后拥地送到榜棚街。

站在榜棚街及周围的院西大街，也就是现在的泉城路、布政司街和省府前街一带，仿佛看到万头攒动、人山人海，狭窄的小巷被堵得水泄不通的场面。人群涌向榜棚，一双双渴望的眼神在榜单上搜寻着，中榜者欣喜若狂，落榜者失魂落魄。

民俗专家张继平说，举人中榜后，会受到比较高的礼遇。布政司为他们准备好顶戴衣冠，仪仗队也鼓乐齐鸣上门报喜，巡抚衙门还会为他们大摆鹿鸣宴。

当然，这样的幸运儿只是极少数，榜棚街上多数考生都名落孙山。据史料记载，清朝时朝廷分给各省的乡试录取指标是极其有限的，山东的名额是69人外加副榜12人。然而副榜仅仅是一种荣誉，是给予考试成绩较好的考生的精神鼓励，副榜考生并不享受正榜考生的嘉奖，也就没有入仕为官的资格。

试想，每次参加济南贡院乡试的考生都在万名左右，他们苦等三年才有这么一次机会，这百里、千里挑一的竞争该有多么激烈！难怪范进中举竟能喜极而疯。

一场考试，几家欢乐几家愁。但不管怎样，榜棚街也在悲喜之中为国家选拔了一批批人才。据史料统计，600余年间，济南贡院共举行过200多次乡试，榜棚街张榜录取了近20000名举人，其中进京考中进士的就有

4000多人，20人进入了状元、榜眼和探花之列。

如今，贡院已不复存在，榜棚街也没了旧时模样，但它们在济南人心中的分量依然很重。看到这个街名，就能想起曾有万千学子发奋读书，不辞辛苦，成就自己，报效国家。

扫一扫，看同期节目视频

## ◎ 大隐于市上新街

要说最能展现老济南城市文化的，莫过于那些散布于城市之中的老街巷了。在众多的老街巷当中，有一条风韵独绝、堪称济南近现代人文历史气息最为浓厚的老街巷。它就是上新街。

上新街，北起泺源大街，南接文化西路，南高北低，两端有数米落差。据说自北向南行走，有步步高升之意，故称"上新街"。相关资料记载，上新街大概形成于民国初年。它不算长，大概400多米，也比较窄，只能容一排汽车通过。正是在这条老街附近，老建筑林立，众多社会名流、高官政要也扎堆居住过。

万字会旧址

上新街，起头就相当雄壮威武。最南端是一处气势宏大的仿古建筑群——万字会旧址，占了半条街，是上新街最大的院落，也是济南近现代建筑中规模最大的仿古建筑群。2006年，这个建筑群被国务院列为第六批全国重点文物保护单位。高高的围墙将建筑群和市井生活隔离开来，使其显得神秘又庄严。

万字会旧址，也叫"济南道院"，建于1934年，南北长215米，东西宽65米，坐北朝南，四进院落。建筑沿中轴线呈对称排列，中轴线上的建筑由南而北依次为照壁、正门、前殿、正殿、辰光阁，两侧建筑有配厢、引廊、八角亭等。建筑统一为朱红廊柱、青灰墙体、深褐门窗，斗拱额枋均施沥粉彩绘，是一座传统建筑造型与现代工艺技术相融合的仿木作殿堂建筑。

山东省文物考古研究院研究馆员刘延常说："济南万字会旧址，也就是当时的济南道院，是一座沿南北中轴线东西对称的仿木构古建筑院落群。它最大的特点是体现了中西合璧的建筑风格。比如说，南北中轴线上东西对称的主要通道承重部位都采用了西方建筑材料水泥、钢筋混凝土结构的柱子，这在当时是很超前的。它的优点就是能承重、耐腐蚀，可以做到开间大。咱们传统建筑，比如说故宫、孔庙的大成殿、泰山的天贶殿等，虽然空间大，但是受木料所限，柱子太多，空间感并没有很强。咱们这个院落呢，从中线对称线到建筑本身，都使用了钢筋混凝土的柱子，这就把空间增大了。"

沿着围墙向北走不远，路对面有一处院子，这是上新街108号院。院子里面有一座样式别致的二层英式洋楼，它外部通体红砖，很是惹眼。虽然看上去破旧，但是风采依稀可见。据了解，这是当年日伪时期济南市市长朱桂山的宅第。建筑本身价值很大，是济南近现代优秀历史建筑中唯一的红砖小楼。时至今日，108号院也算是上新街最后的别墅院落了。

在上新街，有个小卖部的门脸绝对是一景。它是一个中西合璧的门楼，外脸下边是西洋风格的拱券，上面则是传统的青砖牌坊屏墙，正中嵌

上新街108号院

着"景园"两个大字。这个景园的原主人是谁呢？据说是清末民初军阀王占元。他曾参加过甲午战争，是清军中高级将领之一，后来任湖北省省长、两湖巡阅使。

上新街老居民徐靖说："民间有一种说法，是说当初万字会旧址这个建筑群的设计者，本来的设想是把整个院落从街南头贯穿到街北头，但是最后到这里就停了，就是被景园给挡住了。"

老居民张兴级说："原先，景园里面有好大的面积、好几道院子，还有小桥、流水、假山，很漂亮的。我小时候进去过。"

很多历史文化名人都在上新街留下过足迹。上新街80号，曾是中共山东地下省委的临时所在地；上新街44号，是济南"一代跤王"马清宗的故居。老舍先生，曾在上新街东边的南新街住过很长时间，他的邻居是有"甲骨文研究西方第一人"之誉的明义士。在济南老一辈知名画家中，黑伯龙和关友声都曾在南新街久居。从20世纪50年代末到80年代初，一代京剧大师方荣翔几次搬家，都没有离开过南新街和上新街。

张兴级说："省京剧团团长方荣翔，就在上新街西边的徐家花园京剧团宿舍住。他在南新街京剧团上班，我经常见到他出门去上班，他真是气度不凡的人啊！"

在上新街的最北头，还曾有一个特别繁华、热闹的商场，可能很多老济南人熟悉，它叫"劝业场"，意思是此处可以劝兴实业，后来又更名为"国货商场"，里面百货店、食品店、布店、鞋帽店、理发店、照相馆、电影院等，五花八门，应有尽有。据说老舍先生在济南住的时候，还经常在这听书呢。

徐靖说："那时候放了学，上劝业场花2分钱，赁本小人书看。看《三国演义》《水浒》啊，非常过瘾，非常兴奋。回忆起来，几十年前的趣事，比现在看电视还要好来。"

每个济南人的心中都有一座老城，它饱含着记忆深处的温暖，散发着历经风雨后积淀的深厚底蕴。如今的上新街，仿佛济南老街巷中的一位绅士贵族，虽然时隔百年，芳华不再，但依然气度非凡。有空不妨来这里走走，领略一下老济南别具一格的文化魅力。

扫一扫，看同期节目视频

# ◎ 古韵新姿大观园（上）

过去外地人来济南，问济南有什么好玩的。当地人在介绍济南特色时，有这么一种说法，叫"观趵突泉、游大明湖、登千佛山、逛大观园"，说的是人们在游览了景点之后，再到大观园逛一逛才算圆满，不到大观园，不叫来过济南。

大观园是怎么来的呢？它是《红楼梦》里刘姥姥进的那个大观园吗？告诉您吧，还真不是！不过它的名字确实和《红楼梦》有渊源。

据说在民国初年，当时的山东都督大军阀靳云鹏买下了现在的大观园商场和周围100多亩荒地。他的弟弟靳云鄂就想仿照上海大世界的形式

大观园

把这里建成一个大型娱乐场所，并决定以古典小说《红楼梦》中的大观园命名。这个意思就是想让这里无所不包，无奇不有。当时想法真是挺好，但是由于资金短缺等一系列问题，大观园没有运作起来。就在这个时候，一个人钻了空子进来。

当时济南有个经营粮栈的商人叫张仪亭，他看准了商机，就租下了这片地，开始筹建大观园。1931年9月26号，也就是中秋节这一天，大观园正式开业。

原济南市第一商业局局长、原大观园居民李增起说："这个选址真的太重要了。关于经商，过去有句老话叫'一步金，一步银'，所以大观园这个位置选得太好了。一是离着老城近，从这到当时的老城才三里多路，向北是济南的老火车站，向西是开埠以后繁华的纬四路；二是它周围已经形成了比较多的居民区。所以这个位置应该说是经商的风水宝地。"

开业后的大观园很快就热闹起来：有卖布匹绸缎的、卖洋广杂货的、江湖打拳卖艺的，还有修鞋的、算命的、卖野药的……娱乐、餐饮、购物、文化、医疗等，各种买卖应有尽有，真是洋洋大观名副其实。

### 剧场、跤场

特别是当初这里开设的第一剧场，灯光布景、机关布景太吸引人了。当时第一剧场的整个舞台可以转，配合演员演出的都是活动布景，而且演的戏都特别应景。比如端午节，剧场就演出《白蛇传》，道具做的大白蛇活灵活现，武术演员演水，水随着金山寺的寺高上涨，给观众展现出水漫金山寺的场景，这在别的剧场是看不到的。

除了第一剧场还有第二剧场，也就是现在的大观电影院。20世纪三四十年代，像胡蝶这样的大影星所出演的电影，在这都能看到。这里也放映过红极一时的电影《红楼梦》，这是中国第一部以红楼梦为题材的电影，是由周璇、袁美云这样的大影星出演的。那时候可谓是一票难求，不光济南本地的，外县市的甚至外省的都纷纷到这里来买票看电影。

另外，大观园里面打把式卖艺的也红极一时。李增起说："刘仲山，人称'一撮毛'，是全国'第一飞叉'。他的艺术太精湛了，飞叉练得太神了！他不光是站着抖或者抛空练，还坐着练，躺着练，他那些术语我叫不上来，但是他那个飞叉的规矩、程式，太棒了！"

值得一提的是，当年大观园的跤场也非常兴盛。曾经，济南、北京、天津、保定号称全国"四大跤城"。2007年大观园还举办过四大跤城邀请赛。

李增起说："终顺禄是全国很著名的摔跤大家。每场练武，他练的那个大刀，和关云长那个大刀似的。但他的刀是铁铸的，一百零八斤。我从小在那里看，几个人都抬不起来。他不是举，而是在身上练起来，能在身上拧花。"

### 照相馆

大观园还意味着新潮、时髦。在这个不大的地方，光理发厅就有五六家，照相馆也有四五家，馆内陈列的明星照、婚纱照等颇具特色，最主要的是这里的照相技术特别好，有的照相馆还全天营业。

"我父母的结婚照，就是在大观园商场的荣真照相馆拍的，是在1940年，到现在2017年已经77年了……"李增起满怀深情地说。

### 曲　艺

谈到大观园，就得说大观园的曲艺。曾几何时，北京、天津、济南号称全国曲艺的"三大码头"，可以说曲艺在泉城有着深厚的群众基础。想当年，咱们中国的曲艺界有个不成文的规矩："北京学艺，天津练活，济南踢门槛。"

济南踢门槛在哪踢？就得到大观园晨光茶社来试试水。有这么一句话："南来的角，北来的腕，都要在晨光露露面。"

相声名家孙小林告诉记者，晨光茶社曾经来过全国各地的名家大腕：相声泰斗马三立、刘宝瑞、郭全宝、李伯祥、赵振铎、王长友、冯立章、袁佩楼等。"很多现在的名家大腕都是我们晨光茶社演员的徒弟和徒孙，所以说晨光茶社是个曲艺窝子，是曲山艺海的一杆旗帜。"

晨光茶社

## 美 食

过去的大观园美食，就有高唐驴肉、曹州酥鱼、油旋、茶鸡蛋、煎饼果子、馄饨、米粉、炸糖糕等特色小吃，也有赵家大米干饭把子大肉、曹家扁食楼、老马家馆的酱牛肉、蒜爆羊肉、天丰园菊花顶十八褶的包子等名店名吃。大观园不愧是众多美食的汇聚地。

大伙都知道，大观园的天丰园狗不理包子不仅好吃，而且名气大。另外，狗不理包子馅也特别有特点。

李增起说，他的岳父是大观园天丰园狗不理包子的创始人之一。据他回忆，以前的包子馅全是手工剁出来的，和现在绞的肉馅大不一样。"那

天丰园狗不理包子

时就用两把大刀来回剁，那个活也很累啊。那时候的一个肉丸，（滑）到什么程度呢？蒸出来的包子，拿起来搁在耳朵上一晃荡，晃晃地响，汤是汤，丸是丸。"

天丰园的狗不理包子不仅馅有特色，包子皮也特别有讲究。天丰园经理赵军说："天丰园的狗不理包子皮，在保持原来传统工艺的基础上，不仅能达到18个褶，而且还突破了22个褶。"

从以上多个方面可以看出，大观园繁极一时，也当得起"百年大观、古色古香"的美誉。

扫一扫，看同期节目视频

# ◎ 古韵新姿大观园（下）

济南大观园，建于1932年，具有近百年的历史，可谓百年大观，古色古香。大观园的繁荣，一直持续到20世纪90年代。

### 繁荣：大观园的美好时代

曾经，大观园和济南第一百货、人民商场、百货大楼、山东华联并称济南商业的"五朵金花"。

20世纪90年代，大观园开始出现夜市。大概是1991年，阿庆哥还和同学在大观园夜市摆过冷饮摊、卖过冰糕呢！据阿庆哥回忆，那时候的冰糕，一两毛钱批发进货，一元多钱卖出去，利润可大了。连送带卖，一个月下来挣的钱，阿庆哥还给他媳妇买了一辆自行车呢！

济南欧亚大观园股份有限公司董事长王玉琴说："那时候，大观园特别繁荣，只要开门，就不愁没有顾客来。不管是繁荣市场、满足消费者的需求，还是上缴利税，大观园都曾做出过巨大贡献。"

不过，在市场经济的冲击下，大观园一落千丈，甚至到了濒临破产的境地。

### 整改：大观园为生存而挣扎

2004年，大观人重整旗鼓，以大观园丰厚的文化底蕴为依托，走"以文兴商、以文活商、以文促商"的特色发展道路，力求打造出古韵悠长的新大观形象。

王玉琴回忆说，那时她们去上海城隍庙、南京夫子庙学习考察，资金特别困难，连住宿的钱都没有。于是她们就坐晚上的火车去，睡在火车上，白天在那里考察一天，借人家的摄像机录视频资料。回来后几番论证研讨，还发动职工捐款，才把大观园改造成古香古色的模样，真正把其文化底蕴挖掘出来了。

大观园门口的牌坊，就是2004年建成的，上面的字都是24K金的，其他地方颜色都褪了，唯独金字至今保存完好。牌匾也是请书法家武中奇题的字。这里常举办书画展、工艺品展、名优土特产展销、民间扮玩、名优风味小吃节……活动办得丰富多彩，有声有色。

大观园商场，虽然不比从前繁荣，但总算生存下来了。

据悉，欧亚大观园股份有限公司又在策划建立新的商业综合体，名字暂定为"城市优客购物中心"。对于大观园这个老园子，大观人打算重新征集社会各界的意见，收集一些好的思路，把这里打造成一个让老百姓更喜闻乐见的商场。

洋洋大观，浓浓情怀，近百岁的大观园，承载着老济南的岁月，沉淀了老济南的味道。

灰瓦、白墙、红柱，飞檐斗拱，闹市中的大观园遗世而独立。我们期待，这座老园子能再度辉煌；我们希望，这座老园子能陪伴我们继续前进，成为更多济南人的美好回忆。

扫一扫，看同期节目视频

## ◎ 百年公园的前世今生

说起咱济南的公园，上到享誉世界的天下第一泉景区，下到社区附近的山林绿地，大大小小的公园有上百个，可谓万紫千红，风情各异。

那您知道，咱济南第一个公园是哪个吗？就是中山公园，它已经113岁（节目播出于2017年）了！可以说，这个公园见证了济南发展变迁的传奇历史。

中山公园，位于经三路纬五路，论规模和景致，它并不起眼，但论及历史，它绝对是园中翘楚，拥有山东省甚至是全国两项"第一"：它是山东省兴建的第一个以公园命名的公共游览场所，也是当时国内在商埠区设立的第一个公园。

中山公园最早不叫这个名字，而是叫"商埠公园"。据《续修历城县志》记载：清朝光绪三十年，也就是1904年，济南自开商埠，成为当时中国第一个自主开放的内陆城市。也就是在这一年，济南决定在经三路和经四路、纬四路和小纬六路之间设立公园。

初建时，园内植花种树，建亭凿池，生篱花圃、动物笼舍掺杂其间，具有"虽系人造之景，实具自然之势"的特点。公园里还处处透露着商埠的气息，外来的西餐厅与中式茶社相伴而生，东方文化和西方文化相互交融。

1912年，孙中山先生来济南视察，对于济南自开商埠这一举措做出了很高的评价。1925年，孙中山先生逝世后，济南人民在商埠公园召开追悼大会。为了缅怀孙中山先生的丰功伟绩，当时的济南市政府决定把商埠公园更名为"中山公园"。于是，中山公园又成了国内最早的以孙中山先生名字命名的公园。

历史的车轮继续碾过济南。作为历史的见证者，这个城市公园被刻上了深刻的时代印迹，公园的命名也随之几经修改。

民国时期，中山公园是社会各界和中共山东省早期党组织从事革命活动的场所。

1919年"五四运动"前后，济南民众曾多次在公园集会。

1920年11月21日下午，由中共一大代表王尽美组织发起的"励新学会"成立大会，在公园内四照厅召开。

1924年9月8日，王尽美、李宇超等领导的反帝同盟在公园举行万人大会，把济南的反帝斗争推向高潮。

1928年，日军在济南制造了惨绝人寰的"五三惨案"，济南各界在中山公园集会，抗议日寇暴行，然后把中山公园更名为"五三公园"。

1937年冬天，日军攻占了济南，公园被破坏得面目全非。

1945年，日寇投降后，国民政府进驻济南。两年之后，为了阻止解放军的进攻，国民党部队在五三公园内修筑工事，公园再次遭到破坏。

直到中华人民共和国成立以后，经过济南市政府的重新整修，这里才重新成为市民茶余饭后的休憩娱乐之地。

1951年，公园正式更名为"人民公园"。那个时候的大明湖还是一个藕池，千佛山还属于郊区，中山公园为众多大型活动的开展提供了场地，曾经被战争摧毁的公园重现活力。

到了1986年，为了纪念孙中山先生诞辰120周年，济南市政府决定，恢复"中山公园"这一名称，并一直沿用至今。

2002年，中山公园免费开放，成为名副其实的公共花园。

虽然数次易名、几经战火，中山公园早已不是初建时的样子，但济南城一个世纪的历史，却在这里留下了鲜活的烙印。

我们期待着，这个拥有深厚文化底蕴的老公园，这个承载着无数济南人记忆的老公园，会焕发新的生机和活力，迎来它更加光彩夺目的一天。

扫一扫，看同期节目视频

# ◎ 解放阁的峥嵘岁月

在历下区护城河畔，有一座雄伟的建筑十分引人注目，它就是解放阁。解放阁是泉城十大景观之一，是山东省重点文物保护单位，也是革命传统教育重要基地。这一个又一个荣誉称号，注定了解放阁的不同凡响。

解放阁，顾名思义，和解放有关，是为纪念济南战役胜利而建的。1948年9月，在济南战役中，中国人民解放军华东野战军山东兵团于24日拂晓由此处登城突破。

济南市社科联机关党总支专职副书记谢鲁海介绍说："1948年9月24日，济南战役打到了这里。当时自然还没有'解放阁'一说，就是济南的老城墙。"

解放阁

解放阁修建碑记

　　9月23日晚，解放军曾在济南发动过三次进攻，但都失利了。24日凌晨两点，解放军发起了第四次进攻，经过战士们的英勇奋战，最终攻进了老城的大门。

　　战士们一举攻克了拥有10万国民党重兵把守的济南，摧毁了国民党在山东的最大守备点，开创了人民解放军夺取大城市的先例，也为辽沈、平津、淮海三大战役揭开了序幕。

　　当时的美联社对此评论说：自今而后，共产党要到何处，就到何处，要攻何城，就攻何城，再没有什么阻挡了。

　　谢鲁海说，当时的几个野战军都没有打过10万敌人坚守的大城市，能攻下济南这样的大城市，对于当时的解放军来说，意味着离解放全国不远了。当时攻打济南的突破口就在解放阁。

　　20世纪60年代，济南老城墙拆除，环城马路建起，但是作为当年攻城突破口的东南城角被保留了下来，并在此基础上砌筑，使之成为高10米、占地2150平方米的方形台基，还在其南侧墙面上镶嵌了陈毅题写的"解放阁"三个大字，以纪念济南战役的伟大胜利。

　　20世纪80年代初，中共济南市委、市政府决定在台上建阁，以缅怀革

20世纪50年代的内城城墙东南角

1965年，利用原内城东南城角砌筑台基，以纪念济南战役的胜利。
（摄影：王琴）

解放阁建成前后

命先烈。1988年，解放阁正式建成。

大多数人不知道的是，在解放阁这个位置，还曾有过两座建筑。清代末期，这里有一座魁星阁，俗名"三角楼"。魁星是我国古代天文学中二十八宿之一，后被道教尊崇为主宰人间文章兴衰的神灵，相传为九天玄女变化而来，所以该楼又叫"九女楼"。到了民国时期，魁星楼被拆除，这里又盖起了一座新建筑。对于当时的老百姓来说，这座建筑还挺新鲜的，因为这是一座气象台——山东省建设厅气象测候所。

谢鲁海告诉记者，民国时期，韩复榘曾在这里建过一座气象台，作为全国气象的一个网点，这座气象台发挥过一定的作用。不幸的是，1948年9月，气象台毁于战火中。

忆往昔峥嵘岁月稠，看今朝风光旖旎秀。凭栏远眺，泉城美景尽收眼底。如今的解放阁，已然成了市民休闲游玩的好去处。而今天的安逸生活，是无数革命先烈用鲜血和生命换来的。

保家卫国，我们的将士冲锋陷阵；为了社会的稳定、人民的幸福，他们义无反顾，勇往直前，保护着我们的生命、财产安全。我们的人民子弟兵，是威武之师、文明之师、可靠之师，我们的人民子弟兵永远是党和人民的忠诚卫士!

值此中国人民解放军90周年生日来临之际，真诚地对我们的人民子弟兵说一声：节日快乐！谢谢你们！（本期节目播出时恰逢中国人民解放军建军90周年）

扫一扫，看同期节目视频

# ◎ 百年军工厂·矢志强国梦（上）

正所谓"国无防不立，民无兵不安"，正是国防的强大、军工的发展，为咱们和平安定的生活提供了重要保障。

在山东省，近代史上第一个军工厂就扎根在咱们济南，而且这一扎就是一百多年。

百年军工厂

天桥区新城庄1号是中国兵器工业集团山东北方现代化学工业有限公司所在地。虽然名字有点长，不太好记，但是说到它的前身，估计您很熟悉，那就是山东机器局。

山东机器局于1875年由时任山东巡抚丁宝桢创设，是清末洋务运动时期清政府开办的目前唯一尚存的官办兵工厂，是中国历史上最早

军工厂厂标

以蒸汽为动力进行机械化生产的企业，是中国无烟火药诞生地，被誉为"中国近代民族工业先驱""山东近代国防军工的发端"。

这座百年军工厂的厂标就与众不同，是一个像大磨盘一样的石器，也就是火药碾药器。

山东北方现代化学工业有限公司党群工作处处长王勇介绍说："这个火药碾药器，是2010年施工的时候从地底下挖出来的。这个碾药器的中间部分是铅锡合金，到现在也没有一点锈迹。它主要是在生产火药碾药的时候防止火花的。"

山东机器局的创立可着实不容易。"练兵必先利器，制造尤贵得人。"这头一条，就是得请到真正的军工人才。丁宝桢费时三年，几经周折，调来了徐建寅。

徐建寅何许人也？他是中国近代杰出的兵工专家、翻译家、外交家。他的父亲徐寿更厉害，是当之无愧的科学家，许多科学史专家都公推他为中国近代化学的启蒙者。

徐寿和徐建寅父子，为促进中国科学技术和工业的近代化做出了巨大贡献，制造出了中国第一台蒸汽机、第一艘轮船、第一批军舰、第一代近代枪炮火药。

徐建寅到济南后，立刻着手遴选厂址建厂。经过实地勘察，他选择了济南城的北郊——洛口附近这一片开阔高地。

王勇说："选在这里建厂的原因，丁宝桢在给清政府慈禧太后和光绪皇帝上的奏折里边讲得非常清楚。三个原因，第一个是咱们属于内地，一旦打起仗来，可以闭关自造军火；第二个原因是咱们北靠黄河，南临小清河，做了军火可以直通北洋水师；第三个原因是咱们这地方离章丘很近，章丘等地出煤矿，这样的话咱们工厂的煤炭燃料也有保证。"

格致苑这排平房是山东机器局公务堂旧址，建于1875年，应该算山东机器局第一处建筑物，是当初山东机器局各位官员生活和办公用的场所。遥想当年，丁宝桢、徐建寅等人就是在这里，研究探讨，坐镇指挥。

清末山东机器局公务堂旧址

王勇说："北边这一排房子叫作'公务堂'，是我们特意保留的，相当于原来的厂长办公室。这个木头的廊柱，包括砖、墙都是原来的。我们只是刷了刷漆。现在是作为咱们公司的档案室在使用。"

在徐建寅的主持下，山东机器局建设工作进展神速，不到一年，就竣工投产。厂区周围建有高大的城墙，墙外有壕沟，就像小型城堡，所以被称为"新城"，这也是现在新城庄这个地名的由来。大门内所悬匾额为"造化权舆"，意思是山东制造业之始。

从此以后，古老的山东大地跨入了工业生产的时代，山东省内实现了军火自给，不必再靠国外进口，而且山东机器局制造的各种军火都十分精良，在中法战争和中日战争中发挥了重要作用。

最值得称道的是，山东机器局在建造厂房和安装机器时，没有雇用一个外国人，全都依靠中国人自己的力量。

据史料记载，徐建寅不但极有才华，而且为人也特别清正廉明。在筹建山东机器局时，他勤俭节约办厂，自力更生发展，出色地完成了山东机器局的建厂任务。丁宝桢称赞他"一切自出心裁，器精价廉，毫无浮冒"。

然而不幸的是，1901年，在汉阳火药厂火药车间，徐建寅在亲自拌火药料时，因爆炸而遇难。

据徐建寅的后人说，他应该是被人陷害而死的。据说，多年前，徐建寅曾在德国一家兵工厂考察，经德方同意后，他在一台设备的框架上刻下自己的名字留作纪念。没想到，多年后，这台淘汰机器和其他淘汰货一起，竟然被当作新设备，被汉阳兵工厂以高价买进。这件事被徐建寅发现了，腐败的清朝官员就坐不住了。

王勇说："徐建寅的第四代孙徐泓老先生，2016年专门到咱们厂来寻根。据他给我们介绍，当年徐建寅之所以被迫害致死，是因为发现了清官员的交易黑幕。为什么说是被迫害致死呢？徐建寅的儿子根据炸死徐建寅的拌药配方重新做过实验，没有发生爆炸，说明这个配方是没有问题的。徐建寅是中国近代以身殉国的第一位科学家。"

斯人已逝，但他的敬业精神和爱国情怀依然代代流传。

扫一扫，看同期节目视频

# ◎ 百年军工厂·矢志强国梦（下）

山东机器局自建成之后，随着历史变迁，也是几易其名，但它从事军工生产的性质一直没有变。从火药、枪、弹到各类军械机器，这可都是实打实的军火，易燃易爆，大意不得，那它们被制造出来后，保存在哪儿呢？

可能很多老济南人知道，位于历城区的华山，整座山曾经都是军品仓库。中华人民共和国成立前存放火药、雷管、导火索等军工用品，中华人民共和国成立后被用作火工品、危险品仓库。华山的"济南巨观"华阳宫能保存至今，也有保护军工重地的原因。而在这个厂区内，也有一座火药库。这座火药库可不一般，它建于1876年，而且建得很有讲究。

据山东北方现代化学工业有限公司党群工作处处长王勇介绍说，覆盖在火药库上方像石头一样的材质就是著名的三合土，它是由石灰、黏土、细沙按照一定配比组成的。它有一个神奇的功效，就是炮弹打上去后不爆炸。当年建这个火药库的时候正是用了这种三合土，它有效地保护了火药库的安全。

19世纪90年代，这里生产过一种中国独有的怪兵器——抬枪。抬枪就是放大的单发步枪，前边一个人抬着，后边一个人上膛发射，据说能射四里远，名曰"坚利远后膛抬枪"，一度是清政府军队经常使用的武器。

制造抬枪的地方，过去叫"长枪工房"，也是一栋有着百年历史的老建筑。这个厂房留存至今，最叫人叹为观止的，是它的房梁。

王勇告诉阿庆哥："这个长枪工房里的房梁是用一整根木料做的大

梁，大概有14多米长。在长枪工房里，像这样的房梁总共有14根，现在这么粗、这么长的房梁很难得。古人盖长枪工房时应该是对木料进行过防护处理，才能使其至今保存完好。"

目前，长枪工房已经被列入省文物保护名录。据济南市文物所李铭所长说，这是他见过济南市现存的、跨度最大的非民居建筑。现在它被当作化工原料仓库，依然在服役，依旧在发挥作用。

长枪工房

之前，这里还生产过一种格外受欢迎的武器——手榴弹，为我军取得解放战争的胜利做出了贡献。

王勇说："厂里生产的这种手榴弹，在解放战争时期的渡江战役和淮海战役，以及后来的抗美援朝中立下了汗马功劳。这种手榴弹可是名牌，爆炸威力大，战士非常愿意领用。因为它是济南产的，所以战士叫它'济式手榴弹'。"

战争年代，兵工厂的作用不言而喻。中华人民共和国成立后，兵工厂仍然发光发热。

王勇说："1949年以后，在国庆庆典上和国家一些其他重要庆典仪式上，放的礼花弹都是咱工厂生产的，咱们厂多次获得总参和国庆办公室的表彰和奖励。"

1960年，工厂从国外引进酚醛玻璃纤维塑料和胶黏剂制造技术，成为国内最早生产塑料、胶黏的企业，生产的产品不仅满足了国防建设急需，还在军用产品民用化方面开辟了新途径。随后，又开发研制了引信、防腐漆等产品。这里成为以生产军工产品为主的国家重点军工企业，担负起国防建设和经济发展双重任务。

山东北方现代化学工业有限公司研究员级高级工程师于春英说："曾

经，咱们国家密封胶产品全靠进口。国外给咱们发货都用锦盒包装，一支卖300多块钱。后来我们引进了国外的主要设备，创新了相关技术，打破了国外垄断，也填补了国内的空白。目前，这个产品只需要20多元一支。从军工方面，我们的产品，在装甲车还有军事方仓方面都有应用。从近处来说呢，济南泉城广场的文化长廊，还有地下隧道的密封，用的都是我们的产品。"

除此之外，他们还敢于向顶尖技术叫板，不断制造高精尖的武器装备。山东北方现代化学工业有限公司总工程师蔡玉海说："我们厂现在是为国防和国民经济提供高精尖先进材料的一个企业。目前在胶黏剂、密封胶、特种涂层材料、可复合材料领域取得发明专利18项，其中国防专利3项。应用领域主要涉及航空、航天、兵器、船舶工业以及国民经济的汽车、建筑等领域。"

一项又一项军工成果的背后，是一代又一代军工人日复一日的坚持和付出。中国从来不缺少勤劳踏实、甘于平淡、专注钻研的人，他们在自己的领域默默深耕，身体力行地践行着工匠精神和创新精神。当我们觉得和平安宁、生活幸福时，要记得，那是因为有很多人在默默地为我们承担，为我们奉献，我们应该向他们致敬！

扫一扫，看同期节目视频

## ◎ 你不了解的新华书店

在济南，有这样一家书店：它的历史，比建国还要久；它的存在，改写了许多人的命运；它的发展，守护着这座城市的精神文化。它，就是新华书店，今年80岁（节目播出于2017年）了。

### 新华书店诞生，毛泽东题写店面招牌

1937年4月24日，在陕西延安清凉山万佛洞底层的一个石窟里，诞生了一个小书店。虽然书架简陋，书也不算多，但从这家书店开始，知识文化得以再度聚集，先进思想得以传播开去，毛泽东为它题写了店面招牌——"新华书店"。

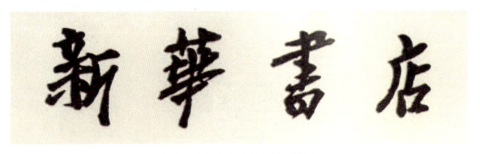

毛泽东为新华书店题写店面招牌

### 泉城路上开了济南第一家新华书店

读书，从古至今都是人们汲取智慧的方式。当时新华书店的口号是"仗打到哪里，书店就开到哪里"。所以，咱济南的第一家新华书店，是建于1948年。

山东新华书店集团有限公司济南分公司副总经理毛灿华说："济南第一家新华书店，是在泉城路的路南，最早的院西大街路南。当时的新华书店非常简陋，只有三间平房，是拦柜式销售，图书品种非常匮乏。现在新华书店的位置，是原来的老外文书店。"

说起老外文书店，民俗专家张继平印象深刻。他说："我大约十来岁的时候就经常到外文书店看书。今天我所掌握的英语和日语的一点基础，都是那时候打下的。当时的外文书店摆着的书，因为年代原因，更多的是一些马恩列斯毛的著作。过去很少有机会接触外语读物，我就是看那些书开阔眼界。"

### 那些年，它是巨大的精神游乐园

有人形容，新华书店是一座巨大的精神游乐园。尤其是在20世纪五六十年代，物资短缺，娱乐匮乏，新华书店作为济南当时唯一的书店，以它专业的方式，填补了人们的知识空白，为读者找书，为书找读者，为人和书的相逢、相知、相惜提供了场所，创造了机缘。

毛灿华说："当年我是经二路那家书店的营业员，负责卖文学类书籍。在新华书店当营业员可不是那么容易的事，对个人素质要求很高，进店也有严格的培训。比如图书一共22个品类，分为工业、社科、自然、文艺等，要卖书，首先要知书、识书、懂书，才能为读者留书、选书、荐书。

"当时每一个营业员都有自己的'基本读者群'。可不像现在的微信群，那都是通过一个一个交流建立起来的关系。那时候，电话也不普及，读者想买自己需要的书，就留字条，留地址，等我们找到这本书了，就通过打电话、写信等方式告诉读者，方便读者得到这本书。"

### 那些年，新华书店的盛况

1978年，中外文学名著等书籍解禁，经由全国新华书店统一销售，这是无数人期盼的文化盛事。每天书店一开门，人们就蜂拥而至，阅读热情喷薄而出。

毛灿华说："当时刚解禁的《战争与和平》《安娜·卡列尼娜》，和国外的一些17、18世纪的文学名著，比如但丁的《神曲》这些文学名著都刚上柜台。

"当时是拦柜销售图书，我们在柜台里边，读者在柜台外边。别看名著堆得像小山一样高，一会儿就被抢光了。早上书店开门的时候，排队的人多到把我们整个柜台都推到后边去，都把我们营业员挤到墙上了。"

阿庆哥小时候经常去逛的就是老职工电影院对面经二路上的那家新华书店。那时候，书店已经改成开架售书了。"一踏进书店，仿佛进入另外一个世界，一排排书架，一本本书，那种震撼，真是非常难忘。"

那时候去书店，人们就是很单纯地看书、买书，一看就是一整天，不为喝咖啡，也不为拍照发朋友圈，也没有电话、微信要回。你想啊，时间是有限的，你看了这本，就看不了那本，到底先看哪一本好呢？那种对书的喜爱、对知识的渴望，特别强烈。

民俗专家张继平说："我参加工作的时候，一个周休一天，也就是星期天休息。整个星期天，我就骑着自行车逛新华书店。像当时泉城路上路南的新华书店、外文书店、经二纬三的新华书店、十二马路的书店、工人新村的新华书店、天桥下边的新华书店。有了孩子以后呢，我就带着孩子，也是几乎每个周日都是在新华书店里度过的。因为过去工资也比较低，想看的书呢，不能都买，有的书买回家，更多情况其实是在新华书店里蹭书看，来增长知识。"

### 泉城路新华书店成为济南新的文化地标

1982年，泉城路新华书店拔地而起。作为荣获"全国优质工程"荣誉的框架类结构建筑，它也成为咱们济南的文化地标。在网络还不发达的时代，新华书店提供了通往丰富知识世界的入口，也把改变命运的机会随机赠送给了很多人。

毛灿华说："我记得我的同事杨老师，当时管医学类图书。出来一版 一次（印刷）的《内科学》《外科学》后，他自学成才，发表一些论文，然后医学院把他聘了去，最后在济南市中心医院成为医学专家。还有一个赵斌老师，他管外文类图书，自学四门外国语言，包括俄语、德语、法语、英语，被省图书馆聘请为专家。"

泉城路新华书店

### 新华书店的新功能：社交

以前，大家约着周末一起干什么呢？结伴逛新华书店是必选项目之一。在同一个品类区看书的人，会觉得彼此是同类，可能还会因此找到志同道合的朋友。很多互有好感的年轻人，也会约在新华书店，选一本小说，用无声的阅读交流情感，偶尔抬头对视一眼，那是心照不宣的甜。

进入21世纪，新华书店的开放程度更高了，为了方便阅读，店里增添了座椅，不但允许拍照，还会准备纸笔。

毛灿华说："新华书店始终坚持社会效益第一，每年都举办书会、书展，把全国众多出版社的精品好书带给读者。"

为了让读者获得更好的阅读体验，新华书店又开设了悦客书吧。作为实体书店的龙头企业，这个挂着红底白字经典招牌的新华书店也在转型升级。如今这里不仅仅是一个阅读场所，更是一个文化生活空间。

　　山东新华书店集团有限公司济南分公司营销部主任袁雪说："这里的书都是免费阅读的。这里还有投影、音响设备等，适合开展各种活动，比如小型读书会、读者见面会、音乐沙龙等。我们就是希望通过这些活动，把读者重新吸引回书香四溢的世界。"

　　新华书店无异于浮躁社会中的一股清流，陪伴了一代又一代喜爱读书的人，能叫人沉得住气，定得下心。但愿这股清流，无论时代如何更迭，始终能与我们的生活相随相伴。

扫一扫，看同期节目视频

## ◎ 金石拓片耀泉城

有一种小游戏相信很多人都玩过，就是画硬币。怎么画呢？把一张白纸盖在硬币上，用铅笔这样来回涂，很快一个逼真的硬币就跃然纸上了。

涂硬币很简单，但原理非同一般。什么原理呢？传拓。

传拓开始于隋代，是我国流传千年的古老传统技艺，也是我国非物质文化遗产。它是用纸和墨汁，将刻在金石上的文字或图案清晰复制出来的一种技术。

拓片

那么，什么是金石呢？

金石泛指青铜器、石头碑刻这样的器物。古人要想记录点什么事，尤其是想长期保存一些重要内容，最佳记刻载体就是金石。原因很简单，因为它硬。但是，再硬的石头也有风化的一天，而且，重要知识点想要传播出去，让更多的人看到、学习到，怎么实现呢？主要就是靠传拓。

石敢当摩崖艺术博物馆馆长王宝磊说，传拓是一种非常古老的汉字留存方式。中华民族创造了汉字，汉字伴随着我们的民族发展传承了下来。在中华民族悠久的历史传承当中，传拓起到了非常重要的作用。优秀的金石拓片也被赋予艺术和审美价值，成为中华民族的艺术瑰宝。咱们济南，也和金石文化颇有渊源。

著名词人李清照的丈夫赵明诚，是一位非常有造诣的金石学家。他和李清照共同的兴趣，就是研究金石文化。

据说，李清照和赵明诚的书斋归来堂，单是钟鼎碑碣之文书就有两千卷之多。赵明诚去世后，也正是李清照历经艰辛，才将赵明诚的书稿整理成书，也就是古往今来所有金石研究者不得不读的巨著《金石录》。

馆长王宝磊说："有一张拓本，从赵明诚的《金石录》到鲁迅先生的《鲁迅日记》都著录过。而这张拓本最珍贵的地方就在于，最初的石头已经没有了，而这个拓本还保存着。也就是说现在再到徂徕山，再去感受一千多年前摩崖汉字的风貌，已经看不到了。但是我们现在还能在石敢当摩崖艺术博物馆通过这张拓本追溯一千多年前的汉字风采，所以说它就更加珍贵了。"

刻着美丽符号的钟鼎与碑刻，它们所传递出的，不仅仅是中国文字的发展、书法的变迁，更记录了古代社会的方方面面、角角落落，将诸多渺然无踪的传说力证成事实，将各种社会生活、自然科学展示而出。这些由钟鼎石碑之上拓印下来的拓片，也因保存了原物的内容及风采而受到历代研究者、收藏者的珍视，成为与青铜器、古籍善本并列的中国最重要的传统艺术收藏。

阿庆哥和市民在博物馆体验传拓

千百年间，包罗万象的金石文化俘获了许多文化精英的芳心，路大荒也是其中之一。

路大荒何许人也？他被誉为20世纪研究蒲松龄的第一人，济南曲水亭街上还有他的故居。路大荒的旧藏——出土自西安的清拓鄂候驭方鼎全形拓，那可是难得的艺术珍品！

馆长王宝磊表示："清代鄂候驭方鼎全形拓拓本有显著的特点，大家看，它就像一个立体的鼎。大家知道，青铜器一直是国之重器，青铜器的拓本更是弥足珍贵，所以很多人看到它觉得非常神奇。"

民族的，就是世界的。这么多珍贵的东西在咱们济南，是咱济南人的骄傲，同时，这也吸引了众多市民来到博物馆参观学习并且亲自体验。

从李清照、赵明诚、路大荒，到日前的石敢当摩崖艺术博物馆，许多在全国数一数二的珍贵金石拓片留在了济南，成为济南历史文化的重要组成部分。金石文化在济南得以保护和传承，体现了济南这座城市最大的性格特征——包容。

海纳百川，有容乃大，正是这种包容，成就了济南这座历史文化名城，造就了咱们济南人兼收并蓄的大爱胸怀。

扫一扫，看同期节目视频

# ◎ 探秘济南警察博物馆（上）

"我在马路边，捡到一分钱，把它交到警察叔叔手里边……"

这首童谣可谓家喻户晓，相信很多人听了开头就能唱到结尾。它反映了孩子纯真的童心，也让警察叔叔的高大形象深入人心。大家都知道有困难找警察，尤其是咱们济南的社会治安在全国名列前茅。这么多年来，咱们济南公安可谓硕果累累、屡获殊荣。在这些成绩背后，肯定有一些鲜为人知、惊心动魄的警察故事。

济南第一个警察机构，成立于光绪二十八年，也就是115年前（节目播出于2017年），叫"巡警总局"，位于现在历下区后宰门附近。到了民国日伪时期，政局动荡，警察机构的名字改了好几次，地方也搬了，旧址

济南警察博物馆

就在现在珍珠泉宾馆大院里。

民国时期的案件审判材料，都是靠人用毛笔写下来的。虽然字体各异，但是字迹清晰工整，一目了然。那个时候的警察还负责给老百姓办身份证。那个时期的身份证很有意思，不像现在咱们每个人从一出生就有唯一的身份证号码，民国时期的身份证是用手指头上的"簸箕"和"斗"来进行身份核查的。

"像我们现存的民国身份证，这上边就标注着一个人的十个手指，上边的圆代表着'斗'，三角代表着'簸箕'。尽管核验起来比较麻烦，但是也具有一定的科学性。"济南警察博物馆工作人员张峰岩说。

民国时期的身份证

济南市公安局正式成立，是在1945年日本投降后。要知道，咱济南市公安局，可是全中国第一个公安局。第一任济南市公安局局长的任命书就保存在济南警察博物馆里。

1948年，土匪、特务活动特别猖獗，咱们公安机关开展了一系列剿匪镇反运动。说到剿匪，当时影响最大的当属破获"大盗燕子李三"案件。

其实，燕子李三并不是影视剧中那个能飞檐走壁的侠盗义士，而是一名烧杀掳掠、无恶不作的杀人案犯。他本名李圣武，绰号李燕子，16岁跟随江北匪首刘洪吉学武艺，19岁开始当土匪行抢，同年底被缉未遂，而后进入济南。

张峰岩说："李圣武来到济南以后，目标就直接对准了金店票号，作案手段残忍。在抢劫过程中，他曾经杀害了庆丰金店经理的父亲吴本一。更可恶的是，他杀人以后居然还留下字条来嫁祸于他的仇人。这个字条上就写着：正大光明刘吉作。然而，狐狸再狡猾，也逃不过好猎手。很快，公安机关发现了他的罪行。在追捕过程中，李圣武还开枪打伤了公安民警。"

李圣武犯下累累罪行，也多次被抓入狱，但是，在国民党统治时期，他都通过买通当时的警察局而被释放了。明明是国民党警察机构受贿卖放，却说是因为燕子李三会轻功而抓不住他，一时间谣言四起，人心惶惶。1949年6月，济南市公安局刑警队奔赴徐州，在李圣武的姘头家将其擒获。李圣武对自己在济南抢劫杀人等犯罪事实供认不讳，同年被执行枪决。

张峰岩说："李圣武被枪决以后，他的家人明确表示不愿意收尸。在我们公安机关的协助下，他的尸体被送到了当时的华东白求恩医学院，也就是现在的山大齐鲁医科大学。为了破除谣言，医生还对他的尸体进行解剖。解剖发现，由于李圣武常年练武，他的肌肉异常发达。除此之外，他的腿跟正常人一样，实际上他根本不会飞。"

正是济南公安机关成功侦破此案，才还原了"燕子李三"案件的真实面貌，揭露了李圣武的真面目。除此之外，济南警察博物馆里还保存了一批极其珍贵也极其残暴血腥的日军侵华罪证。为什么说这批历史资料珍贵？它们又是怎样被保存下来的呢？咱们下文再接着讲。

扫一扫，看同期节目视频

# ◎ 探秘济南警察博物馆（下）

在咱们济南警察博物馆，存有一批相当珍贵的档案史料，它被命名为"日军侵华自述罪证"，是一名日本特务在日军侵华期间用相机拍摄和留存的真实影像。这也是侵略者犯下累累罪行的证据。

这些照片是一名叫酒井省一的日本特务拍摄的。这个人原本是一名随军摄影记者。他潜伏在济南进行情报活动，并匿存武器。1951年，他在经一纬四路5号被济南市公安局逮捕，这批侵华罪证由此得见天日。

"酒井省一被捕以后，公安民警在他的住处搜出了四百余张照片。这批照片非常珍贵，像这样的玻璃底板，全国也找不到几块，这是日本人自己制作的证据，是他们不打自招。"济南警察博物馆工作人员张峰岩说。

枪是人民警察依法履行职责时使用的武器。济南警察博物馆还保存有公安机关和保卫部门长期用过的各类经典枪支。

"中华人民共和国成立以后，我们公安机关的装备不统一，枪牌比较杂，各个型号的都有。像这里我们展出了一组撸子手枪。当时社会上流传一种说法，叫'一枪二马三花口四蛇五狗张嘴蹬'，这是对撸子手枪型号的概括，一个是根据品牌，一个是根据式样或者操作动作。'撸子'是我们北方的方言，说的是手枪上膛的动作——需要拉枪栓把子弹推上膛。"张峰岩说。

咱们警察现配国产手枪中，54、64、77是警用三大件。现在公安机关广泛配发的是92式手枪以及转轮手枪。

那时警察还有一个重要职能是管理户籍，博物馆里展出的这些地契都是公安在户籍管理工作中留存下来的。地契是什么啊？就是古时转让土地所有权的证明文件。

张峰岩说："乾隆十三年的这份地契，是我们馆里目前展出的时代最早的一份地契。它距今260多年，现在依然保存完好。"

地契分为白契和红契。民间私下手写的，没有盖官印的，是白契，也叫"草契"；经官府验证并纳税的，叫"红契"，也叫"官契"。白契是不具备法律效力的，那该怎么办呢？盖蓝色印章。什么是蓝色印章？就是民间在印章上刻上"天诛地灭""男盗女娼"之类的诅咒性文字，然后盖在地契上，用来增强约束力。

时至今日，人民警察所承担的职能更加艰巨、更加繁重。咱们济南全市公安队伍凝心聚力，锐意进取，敢于担当，勇于作为，其能力和水平在打击犯罪、服务群众、保障经济发展等各个方面都得到了有力的提升。

下一步，咱们泉城公安民警将不忘初心，砥砺前行，紧紧围绕"打造

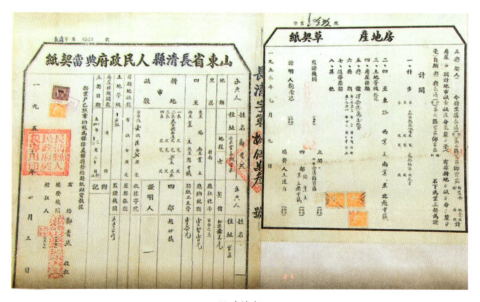

旧时地契

四个中心，建设现代泉城"的任务目标，牢固树立以人民为中心的执法理念，为泉城济南的长足发展和广大市民的安居乐业做出新的更大的贡献。

扫一扫，看同期节目视频

# ◎ 百年邮缘

现如今，随着时代的发展、科技的进步、生活节奏的加快，在人与人之间的交流方式中，写信、寄信的越来越少。不过，书信往来虽少，人们对邮票的热情却有增无减。集邮，甚至成为世界第一大收藏爱好。小小邮票，大有乾坤，在咱们济南，邮票也有一百多年的历史了。

### 历史的见证：山东最早的纪念邮戳

迄今为止发现的山东最早使用的纪念邮戳，是1914年为了纪念在商埠公园，也就是现在的中山公园举办的山东展览会，济南邮局特别刻制的一枚橄榄形的纪念邮戳，它使用红色油墨销票。

在经一路车站街上有一座老济南文化主题邮局，也就是老济南原来的电报大楼。在这里展示的图片资料，记录了济南百年邮政发展史。

最早使用的纪念邮戳

话说回来，关于山东展览会，大家可能不太熟悉，但是说到巴拿马万国博览会，您可能会有印象。咱们山东烟台的张裕金奖白兰地名气怎么来的呀？就是通过山东展览会输送到1915年举办的首届巴拿马万国博览会上拿的金奖，一直宣传到今天。所以在1914年，山东展览会可是当时的一大盛事。这枚纪念邮戳，也是这段历史的见证者。

中国邮政集团公司济南市分公司总经理司平介绍说："中国第一条航空邮路，也和济南密切相关。1921年7月1日，北京到济南的首条航空邮路开通。"

带运邮件的飞机

上图就是当年带运邮件的飞机照片，非常珍贵！为了纪念这历史性一刻，还发行了中国第一套航空邮票。

### 集邮竟是世界第一大收藏爱好

邮票，不但是交纳邮资的凭证，还有记录重大历史事件的作用。它的内容包罗万象，贯穿古今，收纳中外，因此邮票被誉为"微型百科全书"。可以说，邮票从诞生之初，就受到了人们的喜爱。

集邮堪称世界第一大收藏爱好，为什么呢？因为门槛低，说白了，就是不花钱！你想，收藏古董，真伪难辨，又不好携带；收藏字画，想求得大师的真迹，一般人也办不到。而收藏邮票，就不一样啦！只要有心，就能有所收获。

集邮爱好者尹沂秋说，他是1959年冬天开始见到邮票，那是他二舅从青岛捎来的他姥爷的两本集邮册。一见到邮票，他就被那花花绿绿的图案所吸引，从此就与邮票结下了不解之缘。他还说，当时的集邮爱好者，以集旧邮票为主流，有的时候集不到旧的，还特意买新的拿到邮局去盖邮戳，然后收藏起来。

集邮爱好者刘洪毅说："当时怎么集邮呢？邮票拿回来以后，剪下来，泡到水里边。湿了以后，邮票就自然和信封分离了。分离了以后，邮票要反过来，把它后面的胶全部都洗掉。洗掉以后呢，往玻璃上放，有时候就在窗户上，'啪'就贴上了，干了以后就会掉下来。到星期天有时间了，拿出来一堆邮票，一洗一大片，一边洗，一边整理，一边

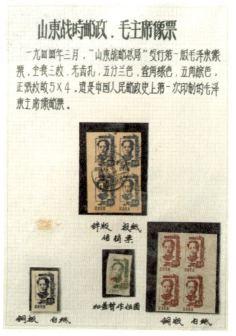

解放区邮票

看，可高兴了。"

济南乃至山东最早的集邮组织，是1946年成立的新生邮票会。邮票会成立后，短短两年时间，入会者近千人，遍布全国各地。当年新生邮票会的负责人王育和提供了大量解放区邮票。新生邮票会还曾冒着风险在国民党敌占区展出了解放区邮票。

新生邮票会负责人王育和的二儿子王若铁介绍说："有一个四方联是山东战时邮政第一枚战时邮政邮票，俗称'小方块'，是1942年发行的。四方联是比较罕见的一种邮票，在中国的邮展和解放区邮展上，我只见过单枚邮票，所以这是一枚非常珍贵的邮票。"

### 济南掀起"集邮热"

济南掀起集邮热潮应该是20世纪80年代初。最初集邮门市部在经二路附近，随着门市部搬迁到纬一路，纬一路又成了当时最火的马路邮市。当时整条马路上人声鼎沸，全是换邮票的人，他们拿着一本本的集邮册。阿庆哥也去换过，还见过不少外国邮票，上头五花八门，无奇不有。

刘洪毅说："我印象最深的是1985年卖牛票的时候。那一年生肖票特别热，集邮的人特别多。纬一路那个集邮柜台，原来是玻璃柜台，都给挤破了。后来柜台前边用很粗的钢管做了一个栏杆。印象当中，我的第一枚猴票，是我转遍了济南市几乎所有的邮局才买到的。当时8分钱的邮票在柜台上就是8分钱，没想到猴票现在已经价值上万了。当时就是玩儿，就单纯是个人喜欢。"

尹沂秋说："当时济南邮票市场，一个在火车站，一个在大观园，一个在海右市场，还有一个在洪家楼一带，一条街至少五六十家卖邮票的。"

20世纪90年代，真可谓全民集邮，几乎人人都收集过邮票。还记得当时填个人信息表时，有一栏叫"爱好特长"，很多人都会填上"集邮"，这在当时可是很高雅的爱好，就和现在说自己爱好钢琴、大提琴似的。

那时候，电台、电视台的主持人最吃香了，因为经常有听众、观众来信，一摞摞的信堆得很高。信多，邮票就多，遇到好看的、稀罕的邮票，阿庆哥还特意剪下来收藏过。

### 一张张明信片记录着老济南的变化

集邮的内容很丰富，邮票、邮戳、邮币卡等，其中还有一大项，就是明信片。一张张老济南明信片，生动地记录着济南这座城市的变化和发展。

89岁的王炳福老人收藏了很多老济南明信片。他介绍说："清末时期，趵突泉就有彩色的明信片了，都是外国印的。单色的是咱们国内印的，有20世纪30年代咱们上海商务印书馆印的，国内的老明信片只有这一套。还有《济南美人》明信片，一套一共7枚。看着这些明信片，就知道济南真是自古出美人呀！"

《济南美人》明信片

### 集邮藏品的新成员：邮资机戳

现在，集邮藏品大家庭里又增添了新成员，叫"邮资机戳"。所谓邮资机戳，就是不用贴邮票，直接在信封或者明信片上加盖日期和邮资戳记。它本来是简化邮政业务工序、提高邮政工作效率用的，因为上面有这种带有纪念意义的图案等信息，也很受欢迎。

中国邮政趵突泉支局工作人员介绍说："现在每个月发行两次济南七十二名泉邮资机戳，今天发行的是无忧泉。这七十二名泉是全国最大的一套套系的集邮产品，要集齐整套得三年。它的特点是，当天邮寄当天来过戳，这样才更有纪念意义。发给全国各地邮友，也更好地宣传了咱们济南。"

邮票以及各类集邮收藏品给我们带来的，并不只是邮寄一封信、传递一次信息。只有那些被公认为最受崇敬的人物、最值得纪念的事件、最精湛的物品、最先进的科技，才有资格走进"方寸世界"，登上邮品的神圣殿堂。因此，集邮带给我们的，有年少时的美好回忆、广交朋友的快乐，更有知识见闻的增加和对祖国、对家乡的热爱。

扫一扫，看同期节目视频

# ◎ "钟"情济南

在咱们的生活中，有一样物件无处不在，无时不有，人们随时随地都需要它。

它就是钟表。

有道是"一寸光阴一寸金，寸金难买寸光阴"，说的就是时间的珍贵。而钟表，不单单是计时和报时的工具，还饱含着人们对时间的追求、对情感的寄托。咱们济南人对钟表也有特别的"本土"情结。

### 济南老品牌：春燕

山东省刘氏古钟表博物馆，是由济南一户刘氏家族创办的。目前这里展出了2365座古钟表藏品，涵盖了座钟、挂钟、台表、怀表、手表5个

"钟表展"三个大字

系列。

图片中的这面墙上，"钟表展"三个大字非常醒目，仔细看就会发现这是用很多手表拼出来的。

在琳琅满目、精美绝伦的古钟表面前，这些手表的款式并不出众，但是它们很难寻得，也很有来头。它们都是咱济南早年研发制造的本土手表品牌——春燕。

山东省刘氏古钟表博物馆馆长刘荣光介绍说："这是用351块手表拼出来的。春燕是咱济南的手表，大体共分为8个品种，有金针金字的、白针白字的，有带日历的、不带日历的，这四个品种还分别有男款和女款，这里都收集全了。另外还有一些比较稀有的手表样式，比如仿劳力士的黑盘，还有夜光的。"

关于春燕手表的价格，刘馆长说，当时一般80多块钱一块，带日历的稍微贵点。80块钱一块表，当时算很贵了。可博物馆里竟然能见到这么多春燕手表，可以想见，刘馆长也是费了不少心血。他是济南人，对济南的

春燕牌手表

手表自然有感情。虽然春燕手表现在停产了，但作为中国钟表家族里的一分子，非常值得收藏。

说到手表，老辈儿济南人结婚讲究个"三转一提溜"。"一提溜"，说的是录音机；"三转"，指的是自行车、缝纫机和手表。

想当年，老济南人都愿戴块手表，甭管品质好孬，只要戴上，就觉得楞有品位、楞而立（在济南话中，"楞"是非常的意思，"楞而立"表示很厉害）。

馆长刘荣光回忆说，济南人结婚最愿意买上海牌手表，因为它是中国名牌。当年手表可真是奢侈品，120块钱一块，一个人省吃俭用攒一年才能买一块，属于大件儿了。

"三转一提溜"的风光过后，一个小家庭就开始柴米油盐过日子了。当年老济南人家里，家具的摆放也有讲究，尤其是钟表。

馆长刘荣光说，一般家里中堂都摆有条案，条案中间摆一座钟，两边摆花瓶，这叫"终生平安"。

钟声，谐音"终生"。花瓶就是"平"，条案就是"安"。还有在条案上放镜子的，叫"终生平静"。不管怎样，家里是离不了钟的。

其实，钟表自古就有吉祥的寓意。古代的钟是礼器和皇权君威的象征，"钟鸣鼎食"是王公贵族荣华富贵的写照。15世纪，自鸣钟被欧洲人作为厚礼进献给皇帝传入中国，明清皇帝都对洋钟情有独钟。到了晚清，山东、东北等地都会"嫁女陪钟"。钟作为女儿的嫁妆，寓意婚姻终生如意，从一而终。这一风俗一直流行到20世纪60年代。

### 济南钟表老字号——康巴丝的波折经历

山东康巴丝实业有限公司，位于历城区出口加工区港源六路。

说到钟，济南的老字号康巴丝也是响当当的名牌。现在济南长途汽车总站上头的大塔钟，就是康巴丝的。康巴丝最出名的，当属石英钟。大部分老济南人的家里，可以说都挂过康巴丝牌的石英钟。

山东康巴丝实业有限公司总工程师田照珂说："康巴丝石英钟是我国第一家进入市场的石英钟表产品，这引发了中国钟表界的一场革命。因为过去都是机械钟，走得不准还要天天上弦，比较麻烦。石英钟呢，一节电池可以用一年，而且时间精度高，开创了中国钟表石英化的进程。"

很多老济南人知道，康巴丝的老厂在山大路附近，过去叫"济南钟表厂"，是20世纪80年代由济南表厂和济南钟厂合并而成的。济南钟表厂成立后，主要生产春燕手表和康巴丝石英钟。康巴丝石英钟的质量有口皆碑，它每天只有0.03秒误差，一度成为当时国家钟表行业的统一标准。而康巴丝真正火起来，是在1986年，自此它连续8年被中央电视台选为元旦和春节零点标准报时钟。在那个年代，能在电视上做广告的商家屈指可数，尤其是在央视。可以说，济南产的石英钟，一夜之间火遍全国。

山东康巴丝实业有限公司副总经理张洪兵透露了当年去央视做广告背后的一个趣闻。"据说第一年做广告根本没花钱，拉了一车钟去，一车大概3000只钟。后来连续8年做广告，广告费总共花了2000多万，这在当时也不是小数目，但是效果特别好，在全国引起强烈反响。"

山东康巴丝实业有限公司退休职工李双利对当时康巴丝石英钟的火爆程度，仍然记忆犹新。他说："当时销售商到济南来提货都得排好几天队。此外，他们还要和工人一起上生产线，生产出一块钟，就包装一块，销售商自己打包，自己装车，供不应求。"

看到石英钟卖得好，很多厂家纷纷跟风，大打价格战，推出了一批质量一般但是价格便宜的石英钟，这对康巴丝石英钟冲击非常大。到了1994年，就连"康巴丝"这个商标也被弄丢了。

张洪兵说："当时没有商标意识，市场非常混乱，全国钟表市场出现好多家康巴丝，单山东省就有60多家叫康巴丝的钟表企业，都乱套了。后来厂家痛定思痛，历经波折，花了90万，才最终把商标买了回来。"

商标回家了，康巴丝这个济南老品牌重新出发。特别是在企业改制完成后，他们又拿出了当年研发石英钟的劲头，开始研发国际最先进的智能电波钟表。这种电波钟，时间精度是30万年误差1秒！

田照珂说，智能电波钟表是他们自主研发的，现在已经申请了20多项实用新型专利。到目前为止，他们是全国最大的智能电波钟表生产企业。山东康巴丝实业有限公司销售部部长李宇红说："从2012年开始，建设标准化考场，全国各地，尤其是山东、安徽、吉林等省份都选用康巴丝的电波钟。这样一来，监考老师不用再聚在一起对表对时间，电波钟会自动追时，自动校时，自动保持北京时间。"目前省内的山大，省外的清华、人大、浙江大学、复旦、上海交大等高校都在使用咱们济南产的智能电波钟表。

从日晷的指针随着太阳慢慢移动到钟摆有节奏地滴答滴答，人们记录时间的方式不断发展变化。钟表，将人类智慧、科学技术、工匠精神凝聚在方寸之间，给我们带来更准确的时间。

如今钟表的式样越来越多样化，但人们对时间的珍惜、对时间的尊重，对守时守信文化的传承从未变过。

扫一扫，看同期节目视频

# ◎ 名山之首属华山（上）

说起济南的山，哪座最有名呢？相信很多济南人都会脱口而出：千佛山。其实，历史上被称作"济南第一名山"的并不是千佛山，而是位于济南东北角的华山。恐怕很多老济南人也没有爬过华山，那为什么它被称为"济南第一名山"呢？

华山，是泰山北方边缘的余脉，主峰海拔197米。别看它不高，但凸起的山峰平地而起，峻拔挺立，旁无连附，直入云霄，令人叹为观止。

华山，又名华不注山。据考证，"华不注"出自《诗经》。"华"

华山风景区

字，古时通"花朵"的"花"字，"不"字通"跗"字，意思是花蒂。华不注山，其实就是花骨朵山。因为在金代以前，华山和鹊山之间是一片汪洋，和大明湖相连，史书称之为鹊山湖。华山在湖水中倒映，好像一朵芙蓉花浮在水面，故称此名。华山，也可以说是华不注山的简称。

"华山"一名，已经有2500多年的历史了。春秋时期，华山就有名山之誉。这个"名"出自哪里呢？那还得说起一场非常著名的战役——齐晋鞌（ān）之战。"鞌"指的是鞌山，也就是现在济南的北马鞍山。

春秋时期，齐国和晋国在那里发生了一场战役。这场战役因一名驼子（驼背）而起，他叫郤克。可别小看这个郤克，他可是当时晋国的一员大将。

据《左传》和《谷梁传》记载，公元前592年，鲁、晋、卫、曹四国派人出使齐国，而他们派出的使者都有点生理缺陷：秃的秃，瘸的瘸，瞎的瞎。而齐顷公却恶搞"外交对等"，特意安排了一场闹剧：让秃子迎接秃子，瘸子迎接瘸子，独眼的迎接独眼的，驼背的迎接驼背的，然后安排他的母亲和后宫嫔妃在幕帐后面观礼。幕后的女人见到这滑稽的场面哄堂大笑，使者们受了戏弄，非常气愤。尤其是晋国大将郤克，认为这是齐国有意侮辱诸国，更是对他本人的巨大侮辱，齐国就这样被郤克惦记上了。4年后，郤克为帅，率兵讨伐齐国。

济南市考古研究所副研究员王晶说："这场战争发生在公元前589年，布阵在北马鞍山，当时齐国是'春秋五霸'之一。过去打仗和现在的体育比赛类似，双方准备不好不打，而且兵和兵打，将和将打，不能偷袭包抄。齐顷公非常傲慢，没把晋军看在眼里。结果，所有齐军战马、士兵没有披铠甲就上了战场，很快就被晋军打败了。《左传》上说，'逐之，三周华不注'。'之'指的就是齐顷公，'逐之'就是撵得齐军败绩了。'逐之，三周华不注'是撵得齐顷公绕着华山跑了三圈。"

就在齐顷公即将束手就擒的时候，同车的车右将军逢丑父灵机一动，让齐顷公穿上兵士的衣服，自己换上齐顷公的国君锦袍。逢丑父想让他借机逃走。晋军追上来的时候，逢丑父就假借国君的口气说："为我取水来。"然而，齐顷公并没有明白逢丑父的意思，而是赶紧从山上跑到山下华泉舀了一瓢水，送了回去。逢丑父见机又对齐顷公说，此水太过混浊，另取清水来。齐顷公这才明白怎么回事，借机而逃了。

发现真相后，晋军的主帅郤克准备把逢丑父斩首。就在这个时候，逢丑父大喊："不能杀我。臣代君赴难的事之前还没有出现过，我是第一个。如果杀了我，今后谁还敢效仿我的做法呢？"郤克一听有道理，于是就对晋军将领说："杀代君赴难的臣子是不吉利的，赦免他吧，可以勉励为君尽忠的人。"于是逢丑父也从容脱险。

王晶说："华阳宫的东配殿是忠祠，里面供奉的就是逢丑父。他是中国历史上第一个舍身救驾、效忠君主的人。"

齐晋鞌之战为华山写下了浓墨重彩的一笔，华山因此一战成名！不过，这仅仅是开始，奠定华山"历史文化第一名山"这个榜首地位的，还有一系列重大历史文化事件。这其中曲折生动的故事，还真是值得我们探究！

扫一扫，看同期节目视频

## ◎ 名山之首属华山（下）

位于济南东北角、黄河南岸的华山，又名"华不注山"，历史上被称为"济南第一名山"。有人总结，华山之名，归功于"一史""一经""一诗""一画"。

### 一　史

"一史"，就是《左传》记载的齐晋鞌之战。

### 一　经

"一经"，指的是北魏地理学家、散文家郦道元所写的《水经注》。

郦道元形容华山：单椒秀泽，不连丘陵以自高，虎牙桀立，孤峰特拔以刺天。青崖翠发，望同点黛。

济南市考古研究所副研究员王晶说："单椒秀泽，不连丘陵以自高，把华山的山势和水的走向记载得非常详细。"《水经注》尽管是对东汉书籍作注，但它的信息量、文学成就远远高于东汉时期的原书。从唐代李吉甫写的《元和郡县图志》，再到宋元明清典籍，关于华山的记载就更多了，所以华山从古至今都是一座名山。

### 一　诗

华山的地位再一次得到大幅度提升，是在唐代。大诗人李白特地为华山写了一首诗，诗句是这样的：

昔我游齐都，登华不注峰。

兹山何峻秀，绿翠如芙蓉。

萧飒古仙人，了知是赤松。

借予一白鹿，自挟两青龙。

含笑凌倒景，欣然愿相从。

……

众所周知，李白在我国古代诗坛上的名气是无人能比的。他对华不注山的这几句赞咏，在很大程度上丰富了这座山的人文底蕴。自此，文人骚客争相奔赴华山，一睹华山之秀美。曾巩、元好问、郝经，以及明代的李攀龙、清代的王士禛等，都曾来过华山。

古时候，历任官员来到济南任职，也必来华山。如果没来，好像对济南没有什么概念上的认识，等于白来。

## 一　画

在李白客居济南、登临华不注山五百多年以后，三十九岁的元代著名文人、书画家赵孟頫也来到了济南。他的画作《鹊华秋色图》不但流传千古，同时也将华山推上了新的高峰。

王晶说："赵孟頫是元代初期的人物，曾在济南任职三年，就住在现今北园路银座商城那里，他在那有别墅。从别墅推开窗向东北方一望，就是《鹊华秋色图》所画的那个角度。他对这个印象非常深刻。"

北宋以前，华山、鹊山一带湖水浩渺，人们坐船可以从大明湖直通华山。在大明湖畔向北望，可见鹊、华二山时隐时现，烟云缭绕，此景被称为"鹊华烟雨"，是古时济南八景之一。在《鹊华秋色图》中，从辽阔的江水沼泽地极目远眺，地平线上矗立着两座山，圆平顶的是鹊山，尖峭的就是华不注山。

王晶说："赵孟頫的一个好朋友叫周密，这个人祖籍济南，但是在外地出生，从没到过济南。他对家乡充满好奇，想了解一下。所以赵孟頫把他在济南印象最深刻的东西，也就是最能代表济南的画面展现给他，那就是他在济南别墅东北角看到的华山，所以他画了《鹊华秋色图》。"

《鹊华秋色图》问世之后，先后经元、明、清三代多位著名文人、鉴赏家题跋、收藏，并最终被献归皇宫大内御藏。清朝乾隆帝对这幅传世名画特别感兴趣，曾亲笔书大字"鹊华秋色"于引首，并先后题跋九则，钤印众多。

王晶说："乾隆东巡到济南以后，也来过华山。看过华山的美景之后，他要对证《鹊华秋色图》这幅画的观察角度，看有没有虚的东西，所以命令侍从快马飞奔回京城取图，就站在赵孟頫别墅的角度一一对证，发现非常真实，所以他又在上面做题跋，加上玺印进行收藏。因此，它的价值更高了，它把整个华山的名气推向了高潮。"

众多名家的接力点赞，为华山注入了深厚的历史文化内涵。如今，华山片区迎来了新的发展机遇，位于华山脚下的华山历史文化湿地公园正在紧张建设中。也许在不久的将来，这里就会有新的"鹊华烟雨"。

扫一扫，看同期节目视频

# ◎ 华阳宫里神仙全

有道是："山不在高，有仙则灵。"那么华山里面有没有神仙呢？有句老话是这么说的："来济南到华山，华阳宫里神仙全。"就是说华阳宫里不光有神仙，而且还挺齐全。

华阳宫，因位居华山之阳而得名。其实，华阳宫只是古建筑群中的一座道教庙观。建筑群整体共有10处内容不同的庙观，它们共同组成了布局复杂、规模宏大的古建筑群，是济南地区现今保存规模最大、历史最悠久的古建筑群。因其殿宇众多、神像各异，古时称之为"济南巨观"。

济南市考古研究所副研究员王晶告诉阿庆哥，华阳宫是一个综合性的古建筑群，它最大的特点就是民俗宗教文化非常浓厚。"老百姓需要什么神，它就直接塑什么神，比如四季殿的四季神、棉花殿的蚕神，都是农神，这是跟其他庙宇最不一样的地方。"

华阳宫

四季殿是华阳宫的主殿，供奉的是主管春夏秋冬的农神。古代以农业为主，老百姓最关心的就是庄稼丰收问题。

除此之外，这里还有棉花殿。别看它庙小，这可是济南唯一一座供奉蚕神的殿宇。"棉花殿虽然庙小，但在全国也没有几座。"华山民俗文化研究者李涛说。

那么，殿里的蚕神为什么骑着白马呢？

李涛告诉阿庆哥，蚕神骑白马有一段传说故事。传说，一个女孩要去找她的父

棉花殿

亲，于是和白马商量：如果白马带她找到了父亲，她就嫁给白马。结果，白马帮女孩找到父亲以后，她父亲对女儿的承诺非常生气，一气之下，就把白马杀了。而此时，女孩被白马的皮裹起来，变成了一条白色的蚕蛹。后来有一天，女孩给父亲托梦，称她已变成了蚕神，劝父亲不要过度悲伤。

华阳宫里最为珍贵的，是遗落在各殿之中的壁画。华阳宫古建筑群现存单体建筑34处，保存壁画的建筑就有12处，面积达300多平方米，是济南保存最多、最精美的古壁画。斗转星移，褪色的画面却依然斑驳而凝重地存在于墙壁之上。

华阳宫古建筑群中地势最高的就是三元宫。三元宫之所以与众不同，是因为它里面修有一座地宫。宫观当中的地宫，多为道士、和尚闭关修道的场所，最长者三年不梳洗、不易装、不剪发，直至羽化登仙。

地宫顶部为砖石砌拱券式，空间广阔，内有小窗和气眼。北侧有两个门洞，上书"入牝""出玄"，是表述道

华阳宫壁画

家采阴补阳的修炼程度的词语。南端西侧又辟门，上有石匾曰"会仙洞"，为1942年镶嵌的。而这三个字，就是华阳宫最后一位道士——朱至静所题。

李涛告诉阿庆哥，华山的最后一个道长叫朱至静，他就是在这里修炼后得道成仙的。"朱至静在这个地方三年，最后从这里羽化登仙。"

在华阳宫四季殿东偏房内，也有一个通往地宫的门洞。据史料记载，这个地宫最后的主人是个和尚，法号寿亭，他是华阳宫里最后一个和尚。据说，寿亭和尚是个心术不正的出家人。

这个地宫，与三元宫的地宫相比，更加幽深隐蔽、陡峭难行，整个台阶几乎呈90度。下了地宫，暗无天日，用探照灯才能依稀看到正对楼梯的是一张石床，西侧还有两个拱门，拱门下的台阶通往更深的地下。地宫里没有窗户和通风气眼，阴森可怖，这与其身处地下而温度极低有关。

"这里本来有一个通气孔，寿亭和尚从这里跑出来后，被人抓住点了天灯（一种酷刑）。"李涛说。

1979年华阳宫被济南市人民政府列为第一批重点文物保护单位，现在是省级文保单位。

据阿庆哥了解，2018年6月，华阳宫的再次修复工程已被提上日程，这里将按照5A级景区标准进行保护修复。我们期待着，"济南巨观"之景能早日重现，济南这座城市的历史文脉能延续下去。

扫一扫，看同期节目视频

# ◎ 百年前的"明湖秀"

"四面荷花三面柳，一城山色半城湖。"要形容济南的美，位于大明湖畔铁公祠前的这副楹联无疑是最佳写照。这也是提起济南时很多人脑海里率先跳出来的两句话。

其中的湖，指的就是大明湖。大明湖之风采，在于自然景观和人文内涵兼而有之，诸多赞誉加身，声名远播于世，相信很多人都领略过。那大明湖之盛名，是从何时而起？它的风貌身姿，又经历过怎样的变迁呢？

### 大明湖曾名"历水陂"，在宋朝是消暑圣地

济南大明湖历史悠久，湖名最早见于北魏年间。著名地理学家郦道元所著的《水经注·济水》，迄今有一千四百多年的历史了。

但是，彼大明湖非此大明湖。现今大明湖一带，过去叫"历水陂"，后经历代变迁，到了金代，才专指城内湖区。1235年，金代诗人元好问在《济南行记》中将这片水域称为"大明湖"。后来，又经过明清两代清淤整治、栽荷植柳，大明湖的秀丽景色才初现端倪。

"唐宋八大家"之一曾巩，当年在济南做官时，曾有诗道："问吾何处避炎蒸，十顷西湖照眼明。"由此可知，在宋朝，大明湖已是济南人消暑游览之胜地。

这些描述大明湖的名诗佳句，为我们提供了无限的遐想空间。大明湖真正在国际舞台上登台亮相，是在一百多年前。

### 一张明信片，让世人看到它的美

济南文史专家雍坚说："1903年的德文明信片，是青岛的德国人来济南拍摄大明湖风光后制成明信片寄回国内的，看这落地戳上有很清楚的显示，时间是1903年11月30日。它们不仅是现在我们所能发现的关于大明湖的最早的明信片，也是迄今所发现的济南最早的风光明信片。"

德文明信片

那为什么会有大明湖的明信片呢？

当时，德国人强租胶州湾并在青岛大肆修建港口，急于向山东内地扩展，需要把地处山东内地的省会济南的情况介绍给更多的德国人。拍摄这里的景色并制成明信片发回国内便是适应这种需要。直到1904年，济南才奏请开埠，说明至少在1903年，国外已经通过明信片看到济南大明湖的风光了。

历下亭，就是1903年德文实寄明信片上印的那座历下亭。不过，这还不是大明湖留给咱们最早的实体影像秀。一个偶然，让大明湖倩影的曝光时间又提早了8年。

历下亭明信片，分别为德国人和瑞典人拍摄

雍坚说："这张照片是大众日报记者卢昱从临沂博物馆复制过来的。这批老照片原本是为研究100多年前临沂城的建筑风格、生活习俗和城市风貌的。结果机缘巧合之下，他拿给我一看，怎么里头还有一张大明湖历下亭的照片？"

据了解，这批老照片的来历是这样的。1893年，30岁的瑞典人安娜·拉森女士，不远万里来到当时的沂州府做医生。从1893年至1897年，安娜·拉森女士在为百姓治病之余，拍摄了一批沂州府的照片。

1897年12月，安娜·拉森女士因伤寒去世，遗物被送回了瑞典老家，其中包括她拍摄的这批照片。2005年5月18日，安娜·拉森女士哥哥的重外孙女里斯蒂娜·温格勒将50余幅珍贵的照片捐赠给临沂。

雍坚说："根据时间推算，这张照片最早拍摄于1893年，最晚拍摄于1897年，是目前发现的大明湖现存最早的影像，也是迄今所发现的济南最早的照片。此前，济南最早的照片刊载于1898年的德文书《山东及德国在华殖民地》，作者为德国旅行家海司，他当年来山东并在济南游历过。"

### 北极阁的护栏曾是孩子们游玩的天地

位于大明湖北岸的北极庙，现在叫"北极阁"。可以看到，东西两边的亭子没有多大变化，只不过加上了围栏，现在台阶上也加装了护栏。

在加装护栏之前，这里曾经是孩子们游玩的天地。阿庆哥小的时候，只要到大明湖，打滑梯是必玩的项目。如今这滑梯，打得和镜面似的。多少年来，得有多少孩子，一趟又一趟，乐此不疲啊！这也是很多老济南人的童年记忆了。

雍坚说："从老照片的角度看，过去，大明湖是比趵突泉有名得多。因为趵突泉过去是在吕祖庙里边，比较闭塞，游客不容易进去观瞻。大明湖是一个市井之湖，比较敞亮，因此能频频出现在老照片上。我见到过200多张清末的这种济南明信片，还有几百张清末的济南老照片。从这上边看呢，大明湖景观的出现频率要远远高于趵突泉，像历下亭、北极阁、铁公祠，出现在明信片上，在清代就有几十次。"

### 它是最早登上国际舞台的济南代表作

大明湖也称得上是咱们济南最早登上国际舞台的代表作。

1922年，美国《国家地理》杂志就收录过大明湖的彩色风光。该照片现藏在法国塞纳河省阿尔伯·肯恩博物馆，拍摄于1912年，是迄今所发现的济南最早的彩照之一。1919年，《纽约时报》还报道过大明湖中的船，有几层高，可以住人，被称作船屋。

时至今日，"一湖一环"景观亮化工程又把大明湖的夜景装扮得华彩璀璨、如梦如幻。

作为泉城夜宴的重要组成部分，精心打造的灯光水秀表演明湖秀已经在大明湖北岸——北极阁前拉开帷幕。新时代的明湖秀色，正以更加震人心弦的姿态闪耀而来。

扫一扫，看同期节目视频

# ◎ 大明湖畔有人家（上）

大明湖是济南的一张名片，是外地人来济南必看的景点之一。其实，大明湖不只是美誉度很高的风景名胜，还承载着专属于咱们济南的风土人情，和济南人的生活相依相偎、相融相合。

据相关资料记载，大明湖的诞生和魏晋时期开始的筑城活动相关：人工开凿的壕沟成为城内水道，各路泉水逐渐汇聚，日久宣泄不通，水域逐渐扩大。到了唐末宋初，大明湖还一度为济南城区带来水患。"唐宋八大家"之一曾巩，在济南做官时的一项重点工作就是治理济南水患。堤岸整治之后，大明湖水域的范围才基本确定下来。

早年的大明湖，养育了一个城市特殊族群，叫"船户子"。它是指住在大明湖边，靠湖生存的湖民。因为他们大多数是住在湖北岸，更多老济南人管他们叫"北城上的"。湖民主要有这么四大姓氏家族：隗家、刘家、赵家和周家。

大明湖水城

隗家后人隗方田先生今年75岁，出生于大明湖畔。说起大明湖，他特别有感情。

隗先生介绍说："过去的大明湖，不像现在这么广阔，湖内主要是湖民经营的蒲草和藕，也就是湖田结合。"

过去，这四大姓氏的住处，是根据城墙位置划定的。城墙留得宽的地方，住的人就多。从西往东依次是周家（基本遍布在铁公祠两边）、赵家、刘家、隗家。隗家的范围相对大一点，从北极庙往这来。

当时湖民主要以湖田为生，也就是种蒲菜、种藕、捕鱼和撑船供旅客旅游。他们之间也没有明确分工，不是你家只捕鱼我家只撑船，因为大明湖的水产是按季节来的，所以各家只是有所侧重，大家以合作为主，互相帮忙，非常和谐。

沿岸湖民想要混上口饭吃，比岸上要相对容易一些。为什么这么说呢？因为一年四季，大明湖里都出好东西。比如，八月十五以后，天气转凉，冬天到来，万物萧条，老百姓也吃不上什么蔬菜，但这正是采摘莲藕的好时候。这大明湖里的莲藕，可是相当出名，个大肥壮，有的能长到五六尺长，还又脆又甜。它纤维质少，嚼后无渣，可以生吃，又被称为"水晶藕"。

隗方田先生说："当年大明湖的藕都种在湖的周边，也可以说，除了游船航行的主河道之外，大明湖里都是种藕的地方。那时候踩藕要穿真正的手工皮衣。也就是说，到宰牛的地方买鲜牛皮回来，搓上盐晾晒，最后进行缝制。这个牛皮衣通身一体，防寒又不漏水。踩藕的动作也很优美，像跳迪斯科，两个脚轮换着使劲，这么踩着找，就能找准藕的位置，判断藕的大小，踢泥，然后提藕。"

到每年的4月下旬，藕采完了，还得拔栽子。什么叫"拔栽子"？就是挪藕。比方说，冬季踩了这一部分田里的藕，得留下一部分。开春后再把留的那部分藕的藕芽挪过来，等着来年冬天继续踩。拔完了栽子，就到了夏季。夏季，可是大明湖的好时候，头一样就是拔蒲菜。这蒲菜全身是宝，更是咱济南的特产。

隗方田先生说："只有夏天拔出来的蒲菜才嫩、才鲜。拔蒲菜是男人的活，他们用刀把蒲菜从根切下来以后，运到湖岸上，再一刀把能吃的蒲菜切下来。"

隗方田的妻子赵富荣说："我第一次上他们家去的时候，父母就为我包的烫面蒲菜的三鲜水饺。我头一次吃，印象特别深刻，（水饺）特别香，特别好吃，不是大明湖的人，根本吃不着。我记得蒲菜很贵，比市场上一般菜要贵好几倍。"

隗方田先生说："为什么说蒲菜全身是宝呢？它的上端可以做草苫子，因为它防潮、耐磨。扒蒲菜、晒蒲菜、捋蒲菜这些工作主要是家庭妇女来干。现在扎架子都用塑料绳了，以前像北园的菜田里，绑黄瓜架、芸豆架、西红柿架，都要用剩下来的蒲菜，大明湖的俗词叫'蒲子'，用它来绑，比较结实。"

到了秋天，湖民们也不闲着。干吗呢？摘荷叶。

隗方田先生说："湖民们看着荷叶老在水里心疼啊！他们就弄个椭圆的木盆当船，大体上有一米长、半米多宽，再用两根竹皮子拨着水，拿个小凳子坐着进去划。为什么用这种工具呢？是防止木棍进入藕池里边，把藕戳坏了。摘了荷叶以后呢，用绳子穿起来晾晒。就在当时的济南城，在城墙根下晒荷叶，一串一串的，一二十米长，也是一道很好的风景。晒干以后，经过一宿的霜打，荷叶就比较软了。第二天，妇女就开始用膝盖顶着，一个一个捋。捋好以后，每20个打成一叠，叠好。这主要是供应给食品店、酱菜铺、酱园和包子铺。过去他们包装都用这个，用荷叶包装的食品都有一种清香味。"

大明湖里还有鱼。以前大明湖里的野生鱼，主要是鲫鱼、鲤鱼、草鱼等，那可是真正的"湖鲜"啊！

陨方田先生说："历下亭西边这个位置，正是当年大明湖捕鱼的最佳位置。以前大明湖捕鱼，是通过棍打水面、跺船等方式，把鱼都集中在同一片水面上，然后下'围墙'，接着开船进去逮鱼，逮鱼的工具以"nan"为主，那个时候主要是逮鲤鱼。鲤鱼一受惊，爱往泥里扎。这个"nan"就是把两根柳树棍支起来以后交叉，再从底下用竹皮支上网，然后插到水里，并到一块。然后在船帮上晃，逮鱼的人有经验，如果晃完了以后逮到鱼，就倒在船帮里边。"

很多济南人更有印象的，应该是那种大鲢鱼。其实鲢鱼是后来从南方引进的，因为它生长快，还能净化水。它长得能有多快多大呢？有的鱼接近一人高，一网下去就得上千斤，以前在大明湖拉网捕鱼也是能引发众人围观的。

陨方田先生说："我们还有一项娱乐活动——'抓大头'，就是逮鱼的时候猜重量。一个人把鱼举过肩膀，让大家猜猜这个鱼多重，谁输了谁请客，最后，猜的与鱼的实际重量差距最远的人请客。通过这项活动，大家既解除了疲劳，又加强了团结。"

当年，湖民们的湖上生活、靠湖吃湖的市井风貌也是大明湖上一道别致的风景。当然，大明湖不光有好吃的，还好玩。那老济南人在大明湖上是怎么个玩法呢？请跟阿庆哥继续走进大明湖。

扫一扫，看同期节目视频

## ◎ 大明湖畔有人家（下）

正所谓"靠山吃山，靠水吃水"，靠着大明湖的济南人也一代又一代地接受着大明湖的馈赠。其中，最值得称道的，还是大明湖的秀丽景色。

### 大明湖上"跑买卖"

要想真切、深入地感受大明湖的美，最妙的方式自然是乘船游湖。

早年要想进湖里，靠的都是住在大明湖沿岸的湖民撑船。那时候，几乎家家都有渔船，乘船游湖主要有三个码头：正南门、汇泉寺和司家码头。他们招揽客人，也很有办法。

大明湖原居民隗家后人隗方田先生告诉阿庆哥："以前，有个词叫'跑买卖'。什么叫'跑买卖'呢？就是大人将游船停在码头上，孩子到

大明湖

通往大明湖的各个街道去揽客。揽客的方式就是，看到有人力车拉着向大明湖方向来的游客，根据他们的着装穿戴和自家游船的承受能力，把人力车拦下来，在后边帮着推人力车，把客人直接送到自家的船上。"

关于家族撑船历史，隗方田先生说："我家祖上就是撑船的。当年毛主席第一次游览大明湖，就是我爸爸亲自掌船，后来朱德、周恩来、邓小平等领导人和外宾西哈努克来大明湖，都是他掌舵。大明湖成为公园后，隗老爷子也是大明湖船队的第一任队长。"

谈起船的式样，隗方田先生说："当时我家的船就是那种画舫式的，船的前头都有一对匾，像'四面荷花三面柳，一城三色半城湖'这副对子，就曾在我们家船上用过，以后好多船也都用了。"

当时船票价格是多少呢？对此，隗方田先生介绍说："20世纪50年代，根据游船的档次，游船价格为一元、一元五、两元和两元五。像比较便宜的一元的游船，基本上没有什么设施，就是游客上船以后，直接坐到船帮上，在那里进行游览。一块五的游船呢，上边用布搭上一个顶子，晒不着。两元，就属于玻璃船了，里边有一个八仙桌，还有茶水。两元五的船最高级，游客不用下船槽了，船上直接铺平板，而且船前边像咱这个游船似的，有门楼，游客进来就比较舒适了。"

关于游览内容，隗方田先生说："游客逛一次湖需要两个小时，而且从一上船开始，船家就给你讲解整个大明湖的来历，比如大明湖是怎么形成的。"

### 大明湖的"冷酷"岁月

在老济南人的记忆里，大明湖还有一段令人难忘的"冷酷"岁月，那就是采冰，老济南人也叫它"采冻冻"。过去哪有空调、电冰箱，夏天人们想要避暑纳凉，主要是靠留藏的冬季从大明湖里采的冰。

隗方田先生说："到了冬天，大明湖的人也闲不住。居民把冰从湖里取出来以后，送到冰窖里，供夏天冰冻食品以防腐烂。像咱济南的冰镇西瓜，可以用这个冰。那个时候没有机器制冰，只能靠冰窖。"

济南文史专家雍坚也说："当时在大明湖南岸有很多冰窖，居民采了冰以后，贮存起来，夏天用来降温、冰鱼。而一些碎冰，孩子们可以用来当冰冰吃，也就是当冰棍吃。"

### 与时俱进，大明湖在转型

1955年，大明湖辟建为公园，疏浚清淤，维修古建，广植花木，容貌焕然一新，成为济南乃至全国的著名风景游览区。早年的船户成了历史，大多数靠湖生存的湖民被收编为大明湖公园的职工。从那开始，大明湖转型了。

阿庆哥记得，20世纪七八十年代，在大明湖，夏天有人游泳，冬天结冰后，还有人滑冰。就因为滑冰，当时咱们济南还出了一位烈士，叫朱文奇。

济南文史专家雍坚说："1981年1月，有几个孩子在大明湖上滑冰，其中一个孩子不慎掉入冰窟，朱文奇奋不顾身把孩子救了上来，但是他自己因为太冷，也因为体力不支，不幸去世了。"

隗方田先生说："当时和朱文奇一起救人的，还有一个隗家人——隗振东，他是我的同家兄弟，协助朱文奇救了落入冰水的人。"

2009年，大明湖向东扩建新区，并且免费开放。

2017年1月1日，整个大明湖全都免费开放，园中湖再度回归城中湖。

大明湖，以更美的姿态、更开放的胸怀，和咱们济南人的生活紧密地连在一起。

天下第一泉风景区新闻发言人聂晶说："20世纪30年代，老舍先生曾经写过一篇文章，叫作《大明湖之春》。在这篇文章中，他所描绘的大明湖既不'大'又不'明'，也不'湖'，当时的景色是很让老舍先生失望的。到了2011年的时候，老舍先生的儿子、中央文史馆馆员舒乙先生来

到济南，在游览了现在的大明湖之后，由衷地感叹：'现在的大明湖是既大，又明，也湖。'

"其实像我们大明湖，每年还有很多文化活动，在1986年的时候，我们就举办了第一届荷花展，到2017年已经是第三十二届了。

"另外，每年过年，大明湖也都举办文化庙会。所以在咱们济南老百姓心目当中，每年夏天，一定要来大明湖看荷花，而每年过年，也一定要赶个大明湖的庙会，这样，一年才算完整。所以说这些年，大明湖始终陪伴在济南市民的身边。"

时代在变迁，济南在发展，如今的大明湖也越变越美、越来越好。

阿庆哥说，作为一名济南人，他真心为大明湖的变化感到自豪。让我们继续爱护它、建设它，让更多的人认识它、了解它、喜欢它。

因为大明湖畔永远是咱的家。

扫一扫，看同期节目视频

# ◎ 三月三里逛药山

药，自古以来就是人们治疗疾病的重要物品之一，寄托着人们对健康的追求，对生命的珍视。在咱们济南，有一座山，甚至直接就是以"药"命名，这就是药山。

药山里有什么药？山中又有哪些鲜为人知的故事呢？

### 药山因草药丰富而得名

药圣坊牌坊

药山，位于济南市天桥区北部，海拔高约125米。山虽不高，但历史悠久，从有文字记载以来，存在已有两千余年。山中多巨石，地势险峻，从远处眺望，顶端有九峰并列，如莲花绽放，又名九顶莲花山。

药山之名是怎么来的呢？相传，神医扁鹊曾到此采药，发现此山草药丰富，是一座天然的中药材宝库，药山因而得名。

### 药王庙相传为祭祀扁鹊而建

沿着一条比较陡峭的石阶向上走，会来到一个相对平整的平台。它是药王庙遗址。原本这里是有一座药王庙的，又名万寿堂，相传是为了祭祀扁鹊而建。

天桥区药山街道办事处的汪洋带来一张1929年的药王庙老照片复制图。从图上可以看到，现在的圆洞就是当时的窗户。

据说庙有房屋三间，庙内正殿是药王殿，里面供奉药王老爷，还有十大名医。药王殿右下方是娘娘庙。庙里还有密道。在20世纪60年代，庙被拆除。

在山顶西侧，有两块相互依靠在一起的巨石，因为它们像一对情侣紧紧拥抱，所以被称作情侣石。不过当地人通常管它叫"北石棚"，因为这两块大石头叠在一起像个棚子。据说，扁鹊曾在这里为百姓治病。

天桥区安乐镇村村民冯立财说："我们药山的石头非常有名，最有名的就是北石棚、南石棚、炮石、蛤蟆石。每天早上，太阳没升之前，在药山的西麓，蛤蟆石看得比较真切、清楚。

"炮石现在没有了，但老人都知道，我小时候也爬过。炮石，大概有一二层楼这么大，反正是一两个小孩上不去，得三个小孩肩托肩地踩着，才能爬到炮石顶上去。在旧版山东快书《贴报单》当中，北石棚、南石棚和炮石，还有卢庄的大槐树，都曾被演过。"

### 与千佛山庙会齐名的三月三药山庙会

一山聚得八方客，不上佛山上药山。过去，药山也是有庙会的，尤其三月三庙会盛极一时，和千佛山庙会齐名，为济南府南北两大山会。

旧时的药山庙会，主要以中药材交易为主。当然，其他小商小贩也不计其数，卖吃的、卖用的、打把式卖艺的，一派繁华热闹的景象。

可惜的是，在20世纪30年代，日军入侵后，药山庙会遭到破坏，一直没有恢复起来。这也成了老一辈济南人的遗憾。

不过，药山一直在发展，在前进。近三年，药山庙会又再度兴起，恢复往昔盛景指日可待。

天桥区药山街道办事处副主任赵延波说："药山三月三庙会由来已久。我们现在恢复药山庙会，打造中国药山文化节，就是要挖掘、保留传统的药山文化。截至目前，药山三月三庙会已成功举办了三届。事实证明，它不仅发扬了药山文化，更主要的是，增强了药山群众的文化自豪感。"

药山，这座古老文化名山，如今已经成为供咱们市民休闲健身的开放式山体公园，带给我们更美的景色、更好的体验。咱们也要爱护好它的容颜，传承好它的历史文化，实现人与山和谐相处，共享美好生活。

扫一扫，看同期节目视频

# ◎ 城中有座英雄山

咱们济南的山有一个特色，那就是：城在山中，山在城中。有很多山直接坐落在闹市区，济南人无须远行，即可饱览一城山色，撷取一段尘外山缘。其中，有一座山，气势非凡，流淌着济南人的英雄血脉，承载着济南人对英雄的敬仰，它就是英雄山。

英雄山，位于济南市市中区，原名赤霞岭。古时，这里种植黄栌树，每到秋天绿叶变红，远望似红霞满山，因而得名。后来，宋代官府嫌这个名字太有血光之象，就以距离济南府西城门四里地为由，改称四里山。

当英雄山还叫"四里山"的时候，这里就发生过一段英雄故事。资料显示，1948年，那场让济南城重获新生的济南战役，它的最后一战，可以说就是在这座山结束的。

济南市社科联机关党总支专职副书记谢鲁海说："济南战役打响后，为了减少伤亡，我军13纵对四里山之敌围而不打。当时国民党213旅有一个团在四里山上防守，我军派人送信上去让他们投降，但他们一直在拖延时间。直到24号晚上，我军炮轰四里山，敌军团长才下来谈判。我军直接把人扣下，明确告知济南内城已经解放，'现在没有起义的条件，你们只有投降'。面对政治、军事压力，敌军老老实实投降，四里山就此和平解放。山东兵团24日晚6点给中央军委的报告中说：'现除四里山、千佛山等地方在洽谈投降外，济南全都解放。'千佛山投降的守敌是四个连，而在四里山，是一个团全部投降，包括团长、团副（副团长）。所以说，这是济南战役最后一个大的战斗。"

革命烈士纪念塔

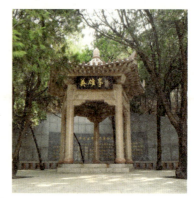

英雄亭

红色文化，额外赋予这座山沉静、庄严的气质。1948年10月15日，为纪念解放济南时牺牲的烈士，济南革命烈士陵园在此修建。1949年11月，革命烈士纪念塔奠基。1950年3月20日，济南市政府决定以四里山以南、六里山以北为烈士公墓地址，首次勘定烈士陵园的基地范围。建园以来，在济南战役中牺牲的战士，以及中共一大代表王尽美、邓恩铭等革命烈士相继安葬其中。

1952年，毛主席在时任山东军区司令员许世友的陪同下，拾级而上，来到英雄亭，向葬于该处的山东军区政治部副主任黄祖炎烈士致哀。1951年，黄祖炎在出席军区某会议时，不幸遭军内暗藏的反革命分子枪杀牺牲。

谢鲁海说："黄祖炎是当年在江西瑞金跟随毛主席的中华苏维埃临时中央政府秘书科科长。济南，是毛主席愿意放爱将的地方，如许世友、杨得志等都在这里任过军区司令。在毛主席受'左倾'路线排挤的时候，黄祖炎为毛主席整理写作材料和准备调研服务。尤其是有一次，毛泽东高烧三天不退，吃药打针都不管用，黄祖炎特意派人跑了很远，联系医院大夫前来为毛泽东治病，使之病情得以好转，可以说是毛主席身边最可信赖的人。后来，黄祖炎在抗日战争和解放战争中也做出了很大贡献。对于他被敌杀害，毛主席十分气愤，也很怀念他，那次视察济南，特意来四里山凭吊。"

当毛主席得知这里还安葬着众多在济南战役中牺牲的革命烈士时，他深情而感慨地说："真是青山处处埋忠骨，有这么多的英烈长眠在这里，四里山就成英雄山了……"从那以后，四里山就改名为英雄山了。这也就是英雄山名字的由来。时至今日，1600多位不同时期的英烈长眠于此。

每逢清明节，咱济南各行各业，或团体，或个人，几乎都会到英雄山来举办或参加祭奠英烈的相关活动，这也成了咱济南人过清明节的重要内容之一。

阿庆哥回忆说："我记得上学的时候，学校也是每年都会组织老师、同学来英雄山。我和同学一起，打着红旗，扛着花圈，走到这里，缅怀英烈。每每站在烈士塔前，低头追思炮火中的英雄，再抬头放眼望见满目春色、岁月静好，激动、感恩、珍惜的情感相互交织，使命感、责任感油然而生。这种触动，这种心情，是英雄山给我们的宝贵财富。"

青山无言，英雄辈出。英雄山，不仅仅是一座山，还是英雄基因代代传承的聚合点，更是咱们济南人的精神脊梁。好好生活，好好工作，守护现世安稳，徜徉快意春风，这当是英雄们所期望的最好的收获。

扫一扫，看同期节目视频

## ◎ 商河温泉润古城

济南，有一个响当当的别称，那就是"泉城"。泉水，是济南最大的特色。济南的泉，不但有众多令人赏心悦目的名泉，还有可以用来休闲养生的温泉。那温泉主要集中在哪儿呢？就是商河。

经多个权威部门和专家鉴定，占国土面积万分之一的商河，是我国最大的易开采地热温泉资源的存储地，这里有相当于2万多个大明湖的储水量，可供开发300年之久。这里的地热资源，具有埋藏浅、水温高、水质优、疗养价值高的特点，是全国为数不多的优质医疗型地热温泉。

咱济南人一说洗温泉上哪好，头一个想到的就是商河温泉。那您知道商河温泉是怎么被发现的吗？怎么就知道商河地下有温泉呢？说起来，这真的是大自然藏了很久的一个惊喜。

商河县油区工作管理委员会党委委员宁清江说："我们商河县是胜利油田的一个油区。2003年的时候，我在油管委工作，当时跟胜利油田接触比较多。在跟他们地质勘探专家人员交流座谈的时候，他们说商河县地下存在着丰富的地热资源。我们感到很惊奇。过了几天，我们到胜利油田的地质勘探所要了一个地质分布图，一看，我们商河县98.6%的土地底下存有地热资源，其中可供开采的资源量约为19亿立方米。"

商河温泉被发现的时间不算长，但商河的历史却非常悠久，可以追溯到尧舜禹时期。《山海经》记载，在大禹治水时，有一条黄河的泄洪河道，名叫"滴水"，从这片土地上自西向东入海。

几千年来，古商河的名字几次更换，隶属也几经变化，直到隋朝置县，才把这里命名为"滴河县"。到了宋朝，"滴"字去掉三点水，改名"商河"。时至今日，滴水已不复存在，但"商河"之名被沿用了下来。

商河县至今仍保留着古城遗址，这里也叫"麦丘故城"。春秋战国时期，这里是齐国古麦丘邑。有个成语叫"三祝三谏"，也可以说"麦丘三祝""麦丘之祝"，形容直言之谏。这个成语的出处，就是来自麦丘，也就是现在的商河。

商河文化研究者李忠湖说："春秋时期，齐桓公在称霸之前曾来到麦丘，遇到一位老人，问他多大，老人说83岁。齐桓公说，这么长寿啊，那就凭长寿给寡人祝寿吧。

"麦丘老人第一句祝的是'金玉为贱，人民是宝'，意思是君王要长寿，不要把金玉当回事，而应该把人民当成宝贝。

"第二句祝的是'好学士，而不恶问；贤者在侧，谏者得入'，意思是要敬爱有学问的人，要耐心向他们请教，只要贤臣在身边，能正言规劝君王的人就能来。齐桓公听了这些都很高兴，很受用。

"但是到了第三句，麦丘老人说'无使群臣百姓得罪于君，无使吾君得罪于群臣百姓'，意思是让君王不要得罪老百姓。这句话很厉害，等于说给统治者严重的警告：得罪老百姓，下场会很惨的。但是齐桓公接受了谏言，非但没有责怪老人，反而让他做了麦丘的地方官。从此传为美谈。"

如今，地热温泉为古老的商河大地注入新的活力。商河依托得天独厚的地热优势资源，大力发展温泉农业、水产养殖业、地热供暖服务业、生态旅游业、现代工业等，成为咱们济南打响"中国温泉之都"品牌的主要承载地，也是一座宜居宜游的生态之城。

在商河县南部的国家农业科技园区，一盆盆红艳艳的红掌，一望无际，真是壮观得很！商河还是全中国最大的多肉生产基地、长江以北最大的红掌和蝴蝶兰生产基地之一。为什么会建在这儿呢？靠的也是温泉。

商河县国家农业科技园区服务中心副主任卢培胜说："利用地热温

泉的优势，我们园区重点发展了温泉花卉、温泉蔬菜、温泉种苗、温泉水产、温泉水果，也就是我们说的温泉'五朵金花'。

"利用温泉供热，一个好处是能降低40%以上的成本，再一个就是生态环保。这种温室环境也便于管理。

"利用地热供热生产的温泉花卉，品质和产量都有明显提升，经济效益也明显提高。特别是我们用地热微水，还能养殖南美白对虾、罗非鱼等热带鱼，生态效益也比较可观。

"在此基础上，我们力争利用三到五年时间，使这个园区达到50万平方米，带动全县形成100万平方米的温泉花卉生产规模，打造成全国知名的'温泉花乡''北方花都'。"

商河县住建委分管规划负责人王少雷说："我们商河县将结合产业优势，做大做强温泉产业，形成温泉产业的集聚效应。现在我们正在打造以温泉为特色的健康、休闲、养生度假区，力求把我们济南北部后花园建设得更加美好，让我们大家更好地享受到商河温泉。"

南赏名泉，北享温泉。商河温泉，和济南名泉相得益彰，不但丰富了咱济南的泉文化，又为咱泉城济南打造出一张闪亮的名片。我们衷心希望，商河这座千年古县，在温泉的滋润下，越发灵动秀美，蓬勃发展。

扫一扫，看同期节目视频

说济南·节日习俗

# ◎ 趵突泉畔赏花灯

正月里来赏花灯，这是中国人的传统习俗。在咱济南，赏花灯人气最火爆的地方，非趵突泉莫属。民间流传这样一个说法：不到趵突泉观灯，不算过年。这个灯俗是怎么来的呢？

有人说，从唐代开始，济南人就有正月里在趵突泉畔摆放花灯的习俗，但是这个说法缺乏准确记载。迄今为止，可以查到的较早的文字记载，出现在明朝。

明末诗人王象春于1616年安家济南府，他在一首《元宵》诗里写道：喜看稚子放河灯，狮石围栏士女凭。

从诗中可以看出，济南人在元宵节期间燃灯、放灯，在明朝已经形成规模。1684年，也就是清康熙二十三年，又一位旅居济南的文学家李焕章，在《上元夜游记》中记述了当年在济南趵突泉附近赏灯的盛况："自芙蓉馆而南至横街，彻东西数里，皆灯也。""横街"就是现在的泉城路。"因过七忠祠，出泺源门，众传趵突泉烟火犹盛，至则两大火树杰立云霄，迸发自上下，状种种异。"由此看来，至少在三百多年前，老济南的花灯就以趵突泉附近最为繁盛了。

过去，在每年的正月里，尤其是元宵节期间，济南城内大街小巷都会挂起各式花灯，吸引周边人进城探亲、赏灯。亲朋好友见了面、拜了年，酒足饭饱之后，或者全家出动，或者呼朋引伴，兴致勃勃地到趵突泉去看花灯，这是老济南人约定俗成的过节传统。

那个时候，路上几乎没有车，全都是行人，都往泉城路方向走。路边的花灯呢，主要是由店铺、小区居委会或者大户人家出钱扎制，也有比试的味道，看看谁家的花灯扎得新奇、精巧。鲤鱼、荷花、龙凤等是最常见的式样。人群当中不时就会响起："哟哟哟，你看这灯！""哎呀呀，那个灯啊，真好真好！"非常热闹。

阿庆哥回忆说："路边还有卖各种小灯笼的。我记得当时最多的还要属应景的生肖灯笼，还有卖红纸灯笼的。红纸这么展开，里头放个小灯泡，要是小灯笼还会转，那就更受欢迎了。孩子们人手提着一个，欢声笑语，此起彼伏。"

济南第一届趵突泉迎春花灯会，是在1965年举办的。由于种种原因，中间停办了一段时间。从1980年春节起，花灯会继续举办，今年已经是第39届了（节目播出于2018年）。时至今日，趵突泉花灯会成为山东省举办时间最长、规模最大、影响力最强的灯会。

阿庆哥说："我记得第一次到趵突泉灯会来看灯的时候，还很小，大概是在20世纪80年代。现在回想，那时有什么灯，灯是什么样的，没大有什么印象了。但是，当时那种氛围却给我留下了深刻的印象。明月在上，彩灯在下，那也是流光溢彩，梦幻得很啊！

"我记得当时的门票几毛钱一张。在售票处，前来买票观赏花灯的人特别多。好不容易买上一张票，要想进门，得在门口排好几个圈的队。就是进了门，也是人挨人，人挤人，全都是人。

"到了20世纪90年代，照相机开始兴起并很快普及。我相信咱们老济南人家里，那个家庭影集当中，肯定都少不了几张和趵突泉花灯的合影。

"那个时候，您要想在一个漂亮又别致的花灯前边照张相，费老鼻子劲了！'老师儿，老师儿，您让一让。''老师儿，对不起，您让一让，让一让！'即便是这样，照出来的相，除了你自己，还满满都是人！"

市民甲："我从1980年就开始看花灯了。"

市民乙："我来济南十多年了，在济南定居后，每年都到趵突泉看花灯。"

市民丙："我记得20世纪80年代来看花灯的时候，还是纸糊的花灯，有小兔子形状的，还有五星形状的。"

市民丁："我最早来趵突泉看花灯，是1983或者1984年的时候。那时候孩子很小，就骑在大人的肩膀上，大人扛着孩子来看。之后就年年都来看。来趵突泉看花灯，成了我们春节生活的一部分。"

济南天下第一泉风景区新闻发言人聂晶说："像咱们趵突泉迎春花灯会，它最大的特点呢，就是花灯与泉水交相辉映。像我在公园也工作很多年了，听很多老职工讲早年趵突泉花灯会的情景，也是听得热血澎湃！

"那时候的灯，就是我们职工自己亲手制作的。那个时候，其实大家都并不是非常专业，所以每年到了冬天的时候，就从各个部门抽调一些精干力量，组成一个花灯组。那个时候基本上就是围绕着第二年生肖的题材来做。大家想做什么，然后由专门的美工师傅一笔一笔来画这个图。那个时候，没有电脑设计，都是自己一点一点画出来。"

趵突泉花灯会

为了推陈出新、实现突破，从2009年开始，趵突泉迎春花灯会开始进行市场化运作，引入了外援。

从那以后，花灯扎制得一年比一年大，一年比一年精美，一年比一年高科技。尤其是今年，有一踩就变色的糖果灯，还有能自动捕捉游客表情生成京剧脸谱的京剧灯。

聂晶说："其实每一年的灯会，我们都是想把最好的东西呈现给咱们的市民和游客。前几年的时候，我们曾经尝试过使用一些特殊的材质来制作花灯，比如说小药瓶、光盘、蚕茧以及瓷器等，让大家感觉眼前一亮。

"虽然我们的灯会，每年只有短短的20天时间。但是在这一届灯会还没有结束的时候，我们就已经进入到下一届灯会的筹备当中了。我们之所以这样做，为的就是在过年的时候，给大家呈现属于咱们济南人特有的浓浓的年味儿，然后让大家在看花灯的时候呢，感受到阖家团聚的幸福。"

盏盏花灯，透射的是吉祥之光，承载的是祈福纳祥，寄托的是对生活的憧憬和对未来的向往。

在一元复始、大地回春的日子里，我们扶老携幼，手挽着手，肩并着肩，在人群中挤着也要来看这火树银花不夜天，仿佛只有来看过趵突泉畔的花灯，这个年才算过得圆满。其实，我们享受的不只是花灯的美，更重要的是一家人的欢聚团圆。

扫一扫，看同期节目视频

## ◎ 老济南过年的那些事（一）：腊八

腊月初八早上7点15分，阿庆哥就来到了千佛山顶上兴国禅寺的院里。这时天还没有大亮，但是阿庆哥身后已是熙熙攘攘的人群，他们来干什么呢？

市民甲："今天不是腊八嘛，我们大家都希望来祈福，身体健康。"

市民乙："在这里喝粥，越喝越好，越喝越幸福。"

义工丁："多行善积德，多做好事。今天是释迦牟尼佛成道（日），喝点腊八粥太幸福啦。"

咱们老济南有很多腊八的讲究，比如说喝腊八粥、打扫房屋、腌腊八蒜、腌腊八肉等。

"小孩儿小孩儿你别馋，过了腊八就是年，腊八粥喝几天，哩哩啦啦二十三……"

这个儿歌说出了腊八节在咱们老百姓心中的重要性，同时也说明一个事，就是腊八也是咱们父老乡亲开始过年的一个标志。那么腊八到底是怎么来的呢？民间有很多版本的传说。比如说在先秦的时候，腊八这天要祭祀祖先和神灵，祈求五谷丰登、阖家团圆。过去，人比较迷信，相信有鬼神，大人、孩子要是有病，都是鬼神在作祟，怎么办呢？恶鬼怕赤豆，所以在民间有一种说法叫"赤豆打鬼"。在腊八这天，很多人家用赤豆、红小豆和米熬粥，给大人、孩子喝，喝了以后保证身体安康，从此不再生病。

在咱们老济南，还有一个传说。过去，有一对老夫妻勤俭持家，积攒了一笔家业。老两口走了以后，儿子、儿媳两人都好吃懒做，不长时间就把父母留下的家业给败光了。就在腊八这天，两人又饿、又困、又寒、又乏，就饿晕在村边了。村里的乡亲很心善，就给他们熬了一碗粥，里面有花生米什么的。这个粥和其他粥不一样，它的名字叫"杂合粥"。什么寓意呢？"喝了杂合粥，教训记心头"，其实是告诫他们小两口要勤俭持家。从那以后，小两口还真改邪归正了，一步一步靠自己的劳动，发家致富了。

这些传说都寄托了咱们老百姓对腊八或者是腊八粥的美好寓意。在腊八节这天，除了要喝腊八粥，还有一个非常非常重要的老济南习俗，那就是腌制腊八蒜。咱们老济南腌蒜有点意思，把蒜扒开去了皮，放到坛子、罐子、玻璃瓶子里边，再倒上老陈醋。过去，在咱们济南用的是洛口醋。倒上醋之后，泡上20来天，就快到除夕了，那时再把腊八蒜、腊八醋拿出来，蒜香扑鼻。可蒜是绿色的，为什么呢？蒜绿素给泡出来了，而且蒜绿素有抗氧化、抗衰老的作用，吃起来特别香。腊八蒜还有另外一层意思。据老人说，"腊八蒜"的"蒜"，和"算数"的"算"同音，在这一天，商家会把一年的收支算得清清楚楚。如果有欠钱的，要债的人就会拿着一罐腊八蒜登门拜访，受访人一看，拿着蒜来了，就赶紧把欠的钱还上。这都是一些很好的民俗。

现代人对腊八节内涵的理解可能越来越淡漠了，但是腊八节是作为咱们中华民族千百年来流传下来的一个日子，寄托了父老乡亲的美好愿望，那就是家庭和睦、国富民强。

扫一扫，看同期节目视频

## ◎ 老济南过年的那些事（二）：踩高跷

过年除了阖家团圆吃年夜饭外，咱们百姓最看中的，就是娱乐活动。锣鼓声一响，那是咱们济南过年传统的民俗项目。

说到高跷，那这高跷怎么来的呢？有两个小故事，一个是史料记载的，一个是民间传说的。

据史料记载，高跷最早出现在大舜时期。大舜时期有一个丹朱国，丹朱国的图腾是鹤。丹朱国的国民，为了庆贺丰收，要把自己的图腾供起来，有些人就在腿上绑上木头，架得和鹤一样高。

咱民间有个传说，沿海地区的渔民在海边作业的时候害怕涨潮被淹没，因此他们就在腿上绑一个木棍，把自己抬高，这样再涨潮就不要紧了。

虽是传说，但在咱们济南，踩高跷、看高跷，是有着悠久历史的。全国各地高跷踩法都不一样，东北有浪跷，山西有走跷，咱济南的踩高跷有什么特点呢？俗话说："外行看热闹，内行看门道。"这踩高跷里面学问可多了，道道也不少。咱济南的小超高跷队踩了好多年高跷，很有影响力。

据小超高跷队的王超介绍："老济南的高跷，像人物的扮相、腿子的高矮，都有区分。腿子有文武之分，高腿子叫'文腿子'，矮腿子叫'武腿子'。在人物的扮相方面，前面有打棒的灯头，打棒的有武松，有石秀。后面每出戏的人物都不一样，像白蛇、渔老，是《打渔杀家》一出戏里面的。高跷是进了腊月门才开始训练，腊月之前不能出灯。踩高跷也叫"给老百姓送灯"。每年大年初一都要有个出灯仪式。没绑腿子前是演员，但是站到腿子上，对老百姓来说踩高跷的就是神了。走到谁家门前要一要，象征着这家人在新的一年人旺、家旺、财旺。这是踩高跷的一种好寓意、好象征。"

踩高跷这种民间习俗，是在过年期间人民群众享受丰富业余文化生活的一个重要形式。大家可以深刻体会到，在咱们济南，踩高跷不仅历史悠久，而且还包含了很多学问。当然，最终的寓意，还是期盼我们国富民强、五谷丰登。

扫一扫，看同期节目视频

## ◎ 老济南过年的那些事（三）：破五

大年初五，咱们老百姓俗称为"破五"。

为什么叫"破五"呢？据说，初一到初四有很多忌讳，或者说是讲究。比如：垃圾要往里扫，见面要恭喜拜年，饺子不能说破要说挣等。这些禁忌，在初五都可以破除了。

民间有关于破五的传说。传说姜太公的媳妇对姜太公不忠，老百姓对她有意见，不愿意见她，把她封为"穷神"，还有个说法是姜太公的媳妇被封为"脏神"。大年三十，很多老百姓请神回家，唯独不请脏神。这下姜太公的媳妇不愿意了，就去找玉皇大帝。玉皇大帝一开始不理她，她就在那一直闹，玉皇大帝看实在闹得不行了，说道："这样吧，今天是初五，你呢，今天就回去吧，回去以后我让人们再放点鞭炮，包点饺子，破费破费。""破五"就是这么来的。

财神送福

破五，在咱们民间还有一个民俗，就是送穷神、迎财神。说到财神，平时咱们只迎一路财神，但来到明府城的百花洲，要迎"福""禄""寿""喜""财"五路财神。

大年初五这天还有很多讲究，比如吃水饺。因为过去有一种说法：包饺子是捏小人嘴，不让外人说自己的坏话。所以在大年初五，大家伙儿一定要吃饺子，讨个好彩头。

初五初五，破五破五。不管是迎财神，还是其他讲究，都是我们老百姓在新的一年里对吉祥如意、国泰民安的祈福。

扫一扫，看同期节目视频

# ◎ 大年初二回娘家的讲究

大年初二，在济南，无论城乡，可以看到，很多人这手领着孩子，那手挽着爱人，带着大包小包的礼品，喜气洋洋地奔波在路上。您要是问他们去哪儿啊，答案多半是一样，那就是回娘家。

### 初二这天，出嫁的女儿回娘家

大年初二，出嫁的女儿会早早就收拾起来，有孩子的把孩子拾掇得干净整齐，带着精心挑选的礼物，和丈夫一起高高兴兴回娘家。所以大年初二俗称"迎婿日"。

回娘家的时间不宜太晚，进门时间要在上午，最好不要超过11点。

### 老济南女婿回娘家，要备好四样礼

当女婿的陪媳妇、孩子回娘家，是一件很郑重的事，不能空手，必须要准备礼物。老济南过去讲究的是要备上四样礼。哪四样呢？

一是活鸡。

二是一刀肉。就是一刀下去切下来一块肉，切多少是多少，最好是肋扇，一块肉不能少于四五斤。

三是两坛子酒。

第四样礼呢，就要看老丈人的喜好了，寻常人家多是买几盒济南本土的泰康、大糕点或者鲜果篓子。

不过，甭管你准备什么礼，数量不能是单数，得成双数，寓意四季平安、夫妻成双成对、全家团圆美满。如果是刚结婚的女儿头一年回娘家，按照早先的规矩，新女婿还要给丈人丈母娘磕头拜年，"一个女婿半个儿"，丈人丈母娘还需要给新女婿磕头钱。

### 为啥娘家爹称为"老丈人"

说到老丈人，为什么会把娘家爹称为"老丈人"呢？

这里头还有个典故。据说，是从大禹治水那起的头。因为大禹为百姓办了好事，百姓对他非常崇敬，都想让自己的女儿嫁给像大禹那样的人。大禹长什么样呢？他很高，很魁梧，据说身高一丈二。所以娘家爹相女婿，就拿着一丈长的杆子量身高，不够一丈的免谈。由于娘家爹老是拿着杆子去丈量人，"老丈人"就这么叫起来了。

老丈人看女婿，婚前可以千挑万选，但是，一旦结婚，女婿把自家女儿娶走了，那可就得把他奉为上宾了。

为什么呢？咱对女婿好一点，就是希望女婿能承这样的情，对自己的女儿好一点。所以，女儿女婿回娘家后，怎么招待女婿，那是重中之重。

### 老济南的待婿之道

在咱们济南，陪媳妇、孩子到娘家拜年的女婿，被尊为贵客，"客"发"kei"这个音。娘家人摆一桌丰盛的宴席，款待前来拜年的女婿，是回娘家这一习俗当中最重要的环节。

酥锅，是济南人必备的过年菜。年前就准备好肉、豆腐、面筋、海带、白菜等，女婿一进门就盛上，来了就能吃，内兄内弟陪着说话，后边再接着炒热菜去。

有道是："丈母娘疼女婿，一天一只老母鸡。"此话怎讲？因为过去穷，能吃上肉就很不容易了，所以要用大量的肉菜，来表示对女婿的重视。因此，老济南的娘家人设宴，大多讲究"八个碟子四个碗"、"四凉四热"、鸡鱼肉肘，以荤菜居多，末了还有一个大抢盘。

大抢盘里有什么呢？是丈母娘最拿手的或者娘家最好吃的压轴菜。一般是海货，弄上八种海鲜，取名"八鲜过海"。要是生活条件再好一些的人家，还会上个"三大件"：肘子扒海参、扒鸡、大明湖的鱼。

女婿是贵客，入席自然是要坐上首，其他人按照年龄大小依次落座。老丈人呢，要准备好年酒，讲究的是"头三杯，一块端"，娘家亲戚的同辈或者小辈陪同。上来的新菜，都要女婿先拿筷子吃第一口，他不动筷子，任何人都不能动这道菜。

吃过饭后，女儿女婿要陪老人聊聊天，听听教诲，不宜过早回去，但是也不能在娘家过夜。过去的讲究是，得在太阳下山之前赶回去。女婿要是醉倒在丈人家走不了了，是一件很没面子的事。

粘窝窝

临走也不能让女儿女婿空着手，娘家人得给备上粘窝窝，也就是类似年糕一样的主食。为什么要送粘窝窝呢？一个是祝福小两口如胶似漆、甜甜蜜蜜，再就是粘窝窝放得住，放到正月十五甚至二月二都不坏，拿出来熘熘就能吃。

如今过年，无论是回娘家还是走亲访友，讲究和规矩也与时俱进，一变再变，越来越少了。但是，那份血浓于水的亲情、家人对团聚的期盼永远不会变。

一年下来，你的不少时间，也许都花在了工作上、花在了外面。那么，趁着过年这个假期，好好陪伴家人吧。这是过年最重要，也是最有意义的事情。

扫一扫，看同期节目视频

# ◎ 老济南二月二有讲究

北方有谚语：二月二，龙抬头，大仓满，小仓流。二月二这个节是怎么来的？咱济南人过这个节又有什么讲究呢？

### 济南炒豆有讲究

在济南过二月二，头一样习俗，就是吃炒豆。现在的炒豆，是什么口味都有，市场上也能买到。过去，老济南人一般都是自个儿在家炒豆子，炒的主要是黄豆。那老济南传统炒豆是怎么炒的呢？

老济南炒豆

老济南市民窦庆德说："用黄河沙土炒黄豆，是济南的传统做法，而且必须得用黄河细沙。沙子要先洗干净，炒一遍，然后再用它炒豆子。用黄河沙炒豆，受热均匀，不煳，还又脆又香。"

这个豆子也有讲究，得头一天先泡上8个小时，二月二当天再拿出来炒。炒的时候用中火，还得不停地翻。家里条件好点的，会放点糖，炒出来是甜的。家里条件一般的，就放点盐，或者什么也不放。

炒豆也叫"蝎子爪"。过去有个歌谣："二月二，炒蝎子爪，大娘婶子给一把。"为什么叫"蝎子爪"呢？

窦庆德说："豆子快熟的时候，就裂开了，和蝎子爪一样。民间认为，吃了蝎子爪以后呢，就不怕虫子咬。因为春天了嘛，尤其是惊蛰以后，虫子啊五毒六物都出来了，所以大人让孩子吃了以后期盼辟邪、辟毒虫，保健康、保平安。"

为什么会在二月二吃炒豆？民间流传最广的是这样一个传说。唐朝武则天当政时期，因得罪玉皇大帝而被罚三年无雨，人间树枯苗死，民不聊生。龙王看了心中不忍，就在农历二月初二这天私自给人间降了雨，因而受到责罚。玉帝说了，龙王降雨犯天规，当受人间千秋罪，要想重登凌霄阁，除非金豆开花时。金豆怎么能开花呢？老百姓有办法。家家户户开始炒金黄色的玉米或者黄豆，炒熟后就像金豆开花一样，从而报答龙王，也感动了玉帝。玉帝也就允许龙王继续为人间降雨。从那以后，二月二炒豆，也就沿袭了下来。

民俗专家张继平说："在古代，龙是中国人的一种图腾，是祥瑞的化身，也是风雨的主宰。龙行天下，主一年的风调雨顺。二月二这一天，正好在阳历三、四月份期间。这是万物复苏、万物萌动的一个季节。在这个季节，我们把农历的二月初二称作'春龙节'，也叫'龙抬头'。"

### 二月二，吃炒面旗儿

在咱们济南，二月二这天还吃炒面旗儿，面旗儿就是菱形的面食。

过去，面旗儿属于奢侈品，一般人家是没有的。因为它是用面粉做的。阿庆哥记得以前白面都是每个月

炒面旗儿

按人头计划供应的，一般人家根本没有这部分余粮。哪个小孩子要是能从兜里掏出炒面旗儿，往往会让大家羡慕得不得了。

这个面旗儿，得头一天晚上擀好，切好再晾上。晾一晚上，晾干、晾透。窦庆德家的炒面旗儿，还放了玫瑰酱和糖，用温火来炒，炒透、炒酥、炒香。

### 二月二，剃龙头

二月二，剃龙头，一年都有精神头。济南人过二月二的另外 一个重要习俗，就是剃头。

旧时有个民俗禁忌：正月里剃头死舅舅。你说多吓人！舅舅的生命全系于外甥的头发。其实，它原本是当初清朝建立时，有些百姓为了表达对明王朝的思念，正月里不剃头，就是不剃成清朝那种前面光、后面大辫子的发型，叫"思旧"，结果以讹传讹，"思旧"成了"死舅舅"。

人们又宁可信其有，不可信其无，所以就都憋着，等到二月二这天再剃头。民间相信，在二月二龙抬头这天剃头，会使人红运当头、福星高照。小孩理发，叫"剃喜头"，可以保佑孩子茁壮成长，长大后出人头地；大人理发，则寓意从头开始，辞旧迎新，希望带来好运气、好兆头。

高级美发师、中国理发厅的美发师王有利说："我过去听师父讲，以前理发都是剃头挑子。有条件的搭一个棚子，外边挂个辫子，那会儿没有电，烧的是煤球，不是现在的蜂窝煤。没条件的挑着担子走街串巷。还有个歇后语，叫'剃头挑子一头热'，说的就是剃头挑子的前面是他的理发工具，后边是一个煤炉子和洗头的东西，这叫'一头热'。过去用的是手推子，那个手推子用的是木头把，就和剪冬青那个推子似的，这样'嘎哒嘎哒'剪，后来又出来那种电推子，我记得是上海双剑牌的。"

随着时代的发展，有的单位福利好，会发理发票。一个月一张理发票，人们就可以进理发店理发了。那个时候，每逢二月二，老济南人一般会到珍珠泉理发店、奇美理发店、中国理发厅等老店理发去。

王有利说："济南第一家理发店是剃头棚，是一个叫王振祥的人，1921年在大明湖司家码头开的振祥剃头棚。1928年，扬州一个叫葛长宝的人，在济南开了第一家理发店，叫"江苏理发店"。后来他又资助他的侄子，在我们现在经三纬二鲁能这个地方，开的奇美理发店。"

山东省首席技师、曾在奇美理发店工作过的王德华说："那时国营的理发店分甲、乙、丙三级，奇美是甲级店。那时在奇美，光理理发呢，就是三毛钱。要是做个全活，就是刮脸、吹风、火烫一整套项目加起来，一共是六毛五分钱。那个时候，天天人都很多。那时我从事男活，我记得这一天能干30多个。

"二月二，龙抬头。剃头主要针对儿童，尤其是针对小男孩。有一些比较讲究的，如开公司的大老板，他来剃头也是希望从头开始，有个好兆头。这一天从早晨八点半开始接待顾客，现在一天是八九十个吧。"

春龙布雨，洗去一切陈旧，万象更新，迎来蓬勃之气。二月二，龙抬头，千百年来流传下来的传统习俗，表达的是人们对风调雨顺的期盼，对美好生活的渴求。

扫一扫，看同期节目视频

# ◎ 老济南怎么过端午节

"五月五，是端阳，插艾叶，挂香囊。五彩线，手腕绑，吃粽子，蘸白糖，龙舟下水喜洋洋。"这首童谣唱的就是咱们的端午节。端午节，和春节、清明节、中秋节一起，并称为中国民间的四大传统节日，是相当重要的一个节日。那咱济南人是怎么过这个节的呢？

### 端午节吃粽（jiòng）子

端午节最著名的节俗当属吃粽子了，咱济南也不例外。济南人吃粽子的口味非常传统，每年都绕不过大枣、八宝、豆沙这几样。阿庆哥记得小时候，每到端午节，就有人推着自行车，走街串巷卖粽子，"江米粽子，糖的枣的"，粽子不叫"zòng子"，叫"jiòng子"。

老济南人、芙蓉馆馆主李涛说："我记得我小时候，江米粽子天天早上起来都有卖的，但是买不起，还是自己家里个人包。馅里头放上点红糖就挺不错，叶是用苇子叶。咱济南北园那边，那时候有水坑，找那个宽的苇子叶采。包粽子也不是用线绳，而是一种说不上名来的草，类似于这种麦秆。"

阿庆哥说："还记得在20世纪七八十年代，清河北路那里专门有卖粽子的，很多人上那买去。因为那一块区域能种点米，苇子也多，材料都是现成的。"

李涛还说："早先粽子3分钱一个，很多人买粽子回去吃完，粽子叶不舍得扔，洗干净晒干后留起来，来年还可以留着继续用。"

### 端午节插艾蒿

老话说："清明插柳，端午插艾。"济南人过端午节，还有一个风俗必不可少，那就是在家门口插艾蒿。

为什么要插艾蒿呢？因为端午时节正值春夏之交，这个时候天气湿热，五毒尽出，苍蝇蚊子也都出来了，人容易生病。老祖宗发现，艾蒿这种植物，这个时间长得最好，而且能散发出一种奇特的香味，可以驱蚊蝇、驱虫蚁，净化空气。于是就在端午节的时候，把艾蒿插到门口，人们相信这样可以驱毒除秽，辟邪消灾。

艾蒿除了要挂在门上，济南人还会用艾叶煮鸡蛋。把新鲜的艾草和鸡蛋一起放进锅里，鸡蛋熟了的时候，蛋皮变成微绿色，还带着淡淡的艾草香。老百姓认为，吃艾叶煮出来的鸡蛋，可以消毒，一夏天不生病。

端午节为啥吃粽子？流传最广的说法是为了纪念爱国诗人屈原。

屈原投江以后，老百姓为了不让鱼虾伤害屈原的遗体，将粽子扔进水中，从那之后，端午食粽就流传下来。那为什么老百姓扔的是粽子，而不是别的食物呢？这就是古人的智慧了！

据记载，早在春秋时期，粽子就出现了，当时是把黍米包成牛角的样子，叫"角黍"。因为进入盛夏，人容易脾胃虚寒，粽子的主料糯米，性甘、温，可以补中益气，健脾开胃。粽子里加入大枣、红豆等，也不光是为了好吃。因为大枣入胃生津，解药毒，红豆利水，可以去湿，所以端午节吃粽子可以温补脾胃，止泻去湿。

### 看济南赛龙舟

在2500多年的传承中，中华各地的端午节节俗千姿百态，各有特色。像配饰里有系五彩绳，挂香包；饮食方面有喝雄黄酒，吃五毒饼；保健方面有浴兰汤；竞技方面有斗百草、赛诗会，等等。但是来到咱们济南，文化仪式也讲究入乡随俗、因地制宜，上面这些都不大兴。但是有一个项目，这几年是越来越成规模，越来越红火，那就是赛龙舟。

赛龙舟，也是端午节里一个很古老的习俗了，相传是源自屈原投江后，许多人划船追赶拯救，同时呢，借划龙舟驱散江中之鱼，以免鱼吃掉屈原的遗体。从2012年开始，咱们济南的端午节龙舟赛正式举办，到大明湖赛龙舟，逐渐成为大家伙儿喜闻乐见的民俗活动。

天下第一泉风景区新闻发言人聂晶说："在大明湖举办龙舟大赛已经有很多年的历史了，端午节是咱们赛龙舟的正日子。在端午节举办龙舟赛，到今年已经是第六届了。随着我们端午节龙舟赛影响力越来越大，今年报名参赛的队伍达到了14支，分为男子组和男女混合组进行比赛，应该说竞争是非常激烈的。在赛龙舟的时候，场上的队员奋力拼搏，两岸的观众为他们摇旗呐喊，场面非常热闹。我们大明湖每年举办端午节的龙舟赛，不仅为端午节增添了浓浓的节日气氛，同时也体现了咱们传统节日的文化魅力。"（节目播出于2018年端午节期间）

端午节，作为首个入选世界非遗的中国传统节日，是中国最古老、最有底蕴的节日之一。盛行于咱济南的端午节节俗，表达的是咱济南人对爱国先贤的尊崇，对优秀品格的传承，对美好生活的追求。

扫一扫，看同期节目视频

# ◎ 济南人怎么过重阳节

农历九月初九是传统节日重阳节。重阳节怎么个过法，咱济南人也有讲究。它究竟有哪些特别之处呢？

### 登 高

重阳节最重要的节日活动之一就是登高。为什么要在这一天登高呢？相传最早是为了消灾避难。

史书记载了这样一个传说故事。一个名叫桓景的人，跟着费长房游学。费长房是一位会法术的方士。一天，费长房告诉桓景：九月初九你家有灾，到时须把茱萸系在手臂上，登到高处去，并饮菊花酒，方可除此祸。桓景听了以后，就在九月初九这天举家登山，结果当天留在家里的鸡、鸭、鹅、狗、猫都一夜暴毙，而桓景家人逃过一劫。从那以

千佛山登高

后，重阳登高习俗逐渐形成。

当然，登高还有步步高升、高寿的含义。人们通过登高来寄托安康长寿的愿望。

民俗专家张继平说："老百姓为什么重阳有登高这么个习俗呢？从民俗角度上来讲，因为过去我们老百姓对一年四季是非常崇拜的。春天有踏青，到秋天的时候，冬天马上要来临了，人们就要去辞青。辞青这个习俗，就一直延续了下来。"

济南人重阳登高最喜欢去哪儿呢？千佛山是首要选择。以千佛山正门牌坊为中心，向上一直延伸到唐槐亭、兴国禅寺，向下则跨越经十路一直到千佛山路，都是前来登高的人。登到山顶，极目远眺，神清气爽，泉城美景尽收眼底，真是令人心旷神怡。

## 赏 菊

和登高最搭配的，莫过于赏菊，这也是济南人过重阳节的一个风俗。据史书记载，千佛山南侧原有一处赏菊崖，文人墨客在此留下了很多诗词佳句，像"背岭丹枫直，垂岩紫菊肥"。"背岭丹枫直，垂岩紫菊肥"说的是千佛山南北侧有丹枫、黄栌，一到秋天，叶红如霞，光彩夺目。满山菊花，红、白、紫、黄，争芳斗艳，清风徐来，馨香扑鼻，令人心醉。

想那古人，重阳佳节，登到此处，赏着美景，吟着诗句，也是自在惬意啊！千佛山风景区工作人员胡春媛说："佛山赏菊早在明代的时候就被誉为济南八景之一。为了让游客更好地登高赏菊，1984年，山顶上建起了赏菊阁，这里自此成为游人佛山赏菊的佳地。"

佛山赏菊，还为世人留下了广为传诵的传说与故事。传统吕剧《逼婚记》里就有这样的故事情节。明末，住在济南府的国舅洪彦龙，就是在重阳节千佛山庙会上看中了济南才子兰中玉的妹妹兰贵金。为了逼兰贵金嫁给他，洪国舅以赏菊吟诗为名，把兰中玉骗进府中，逼其代妹应亲。兰中玉不同意，洪国舅就把兰中玉锁于客厅里，连夜去兰家抢亲。洪府里一个丫鬟春梅见义勇为，把兰中玉藏到洪国舅妹妹的绣楼里。结果呢，洪国舅的妹妹和兰中玉一见钟情。后来历城县知县闻讯赶到，秉公断案，痛打了洪国舅，救了兰贵金，还成全了兰中玉与洪国舅妹妹的亲事。

### 山 会

在济南过重阳，最有人气的民俗活动非千佛山重阳山会莫属。

据了解，千佛山重阳山会打从元朝就有，迄今已经有七百多年历史了，现在属于省级非物质文化遗产。当时，达官贵人、平民百姓都上山来祭祀祈福。有需求就有市场，为满足祭祀需要，很多商贩便带着应时的商品进山来。从此，千佛山也就由单纯的文人登高，变成各阶层聚集的庙会了。

"七月的核桃八月的梨，九月的柿子上满集。"很多老济南人都知道，千佛山重阳山会，过去叫"柿子会"。那个时候，千佛山的登山盘道两边，摆的是成筐成筐的柿子，顾客随手挑拣，摊贩忙着过秤、收钱，熙熙攘攘，好不热闹。个大色红的合柿子，在济南重阳食俗的鲜果中唱主角。

民俗专家张继平说："因为咱济南南部山区盛产柿子。当然柿子品种有很多，比如说小的叫"喝蜜儿"，还有大合柿，逛山会买回家，然后一家人去品尝。柿子还有烘柿和懒柿之分，这是过去我们经常在柿子会上，也就是千佛山山会上能见到的。"

胡春媛介绍："如今的重阳山会，在继承以往传统特色的基础上，主要以民间艺术、民俗文化为主题，看大戏、品小吃、赏民俗成为游人逛山会的主要目的。今年的重阳山会上，有深受游客喜爱的各种各样的非遗手工艺品的展示，像糖人、面塑、草编等。同时重阳节是老人节，我们还专门为老年朋友准备了戏曲专场，每天有豫剧、吕剧、五音戏、河北梆子等，好戏连台，让游客有好看的、好吃的、好玩的。"

在千佛山的重阳山会上，阿庆哥发现了菊花糕和菊花酒。对老济南人来说，菊花不仅用来观赏，还可以用来酿酒。济南过去有民谣：九月九，九重阳，菊花造酒满缸香。据商户介绍，现在的菊花酒是根据古法制作的，是菊花、糯米、小米掺上酒曲酿出来的纯粮食酒。

另外，山会上还有菊花糕。菊花糕在咱们济南也叫"重阳糕"。现在这个做法，是用菊花煎水，再用菊花水把这些米蒸熟了以后压成型，再在上边铺上枣或者各色各样的干果，然后切出来的。老济南的重阳糕，还会在糕的两边，用面捏两个小羊。重"羊"（阳）——两个羊，中间再放一个灯，谐音"重阳（羊）登（灯）高（糕）"。

老济南的重阳糕还和一项婚嫁风俗有关，说的是到了重阳节这天，嫁出去的闺女要吃花糕，即娘家制作的重阳糕。因闺女的住址不同，它有两种吃法。家住济南以东的，娘家给出嫁的闺女送花糕；家住济南以西的，接闺女回娘家吃花糕。

有些人家还在重阳节这天的早晨，把重阳糕切成薄片，放在未成年子女的额头上，说上一句"你事事皆高"。"糕"谐音"高"，表达家长对儿女幸福成长的祝福。

九九重阳，久久长长。如今的重阳节，又被国家定为老年节，成为全社会尊老、敬老、爱老、助老的节日。

找个周末，不妨和老人一起，出来逛逛，唠唠家常。人老了，图的就是天伦之乐，最盼望的莫过于儿女的陪伴。

扫一扫，看同期节目视频

# ◎ 济南皮影戏的百年光影（上）

"一口叙说千古事，双手对舞百万兵。"民间用这样的诗句，形容有2000多年历史的民间艺术形式——皮影戏。

小小几张皮影，简单的幕布舞台，灵巧的手指，加上一点光亮，就能表现出历史轶事、人生百态。咱中国的皮影艺术，被西方人誉为"有声电影的鼻祖"，已经被联合国教科文组织列入人类非物质文化遗产代表作名录。

作为中国皮影戏的一个分支，咱们济南的皮影戏，可谓卓尔不群，独有千秋，特别有意思，故事也特别多。

### 济南皮影：一人一台戏

济南皮影戏，带有鲜明的济南烙印。它是用济南话进行表演，以抖包袱为主，就像说相声一样，边说边唱。

它的表演形式是一人一台戏，表演者一个人要控制三四个影人的动作，还要密切配合场上的配乐，兼顾旁白和唱腔。幽默诙谐、声情并茂的唱腔与活灵活现、栩栩如生的皮影人物配合到一起，出神入化，让人拍案叫绝。

山东省艺术研究院非遗研究所所长郭学东说："山东其他地区皮影都接近于戏曲，济南皮影因为生长在济南，而济南又有'书山曲海'之誉，所以济南皮影表现更多的是曲艺特征。就分类来讲，它应该属于说唱类皮影。"

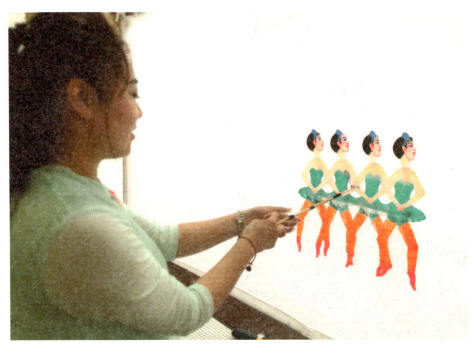

济南皮影戏

### 济南皮影的起源：李家皮影

济南皮影，其实也就是老济南常说的李家皮影。因为济南皮影戏，最早是100多年前，由李克鳌带进济南的。

李克鳌是谁？他是山东邹县人，机缘巧合，结识了河北滦县来的皮影戏艺人张盛旺，他一下子就被皮影这种表演形式所吸引。

在张盛旺表演的时候，李克鳌经常给人家帮忙，还让张盛旺住到自己家里，末了还给张盛旺养老送终。这位张盛旺先生是一位还俗的和尚，后继无人，于是就把毕生所学倾囊相授给了李克鳌。

国家级非物质文化遗产代表性传承人、济南皮影戏第三代传人李兴时说："因为演皮影是流浪演出，你不能老在一个地方，你得到处去才行，所以我爷爷为这来的济南。其实他来过济南两次。

"1917年他来过一次济南，没有站住脚。那时候演的皮影戏在济南不行。为什么不行？因为济南是曲山艺海啊，我爷爷演的那个皮影戏，虽然

李兴时先生

嗓子好，但是和说书的挨着不行。人家说书的有特点，赶板夺词，说出来是评书，唱出来的是西河大鼓。观众们说了，同样花一分钱，说书听的内容多。但是我爷爷他跟着师父学的白口和唱腔很慢，在我们这，一分钱听的内容少。

"从那以后，我爷爷就接受一个教训——济南不好混。他又回到老家，想到应该向曲艺学习。等到第二次来济南，行了，皮影打响了。"

郭学东说："山东皮影具有源发性特征。它主要源于白事，过去混迹于白事班子里，跟唢呐、打乒乓（跳大神）一块演出，几乎没有人单独拿它来挣钱的。从李克鳌开始，皮影才有了正式的职业化演出，所以李克鳌应该算是第一代正式职业化的皮影艺人，他也是李家皮影的第一代传人。"

### 老济南乐事：到人民商场土山看皮影

咱济南70岁以上的老人可能还有印象，20世纪30年代，人民商场那里有个增祥茶园，那就是李家的皮影戏院。"增祥"二字，取自于李克鳌两个儿子李福增、李福祥的名字。

到人民商场土山看皮影，在当时是非常受济南人喜欢的娱乐方式之一，也是很多老济南人童年的美好回忆。

李兴时说："当时我们挂出来的牌子叫'兰州布影'，济南70岁以上的老人更熟悉兰州布影。为什么叫'兰州布影'呢？其实本来应该是'滦州布影'。当初我爷爷请一位算命先生给写牌子，不知道是我爷爷没说清楚啊，还是那个算卦的先生听错了，就写成了'兰州布影'。'兰''滦'声音差不多，就挂了牌子了，一挂就是好几年。后来我爷爷和我父亲发现这个字错了，但是不能改。过去叫'响一不响二'，只要叫响了，就不能改了。"

要说咱们的济南皮影戏有多好看、多优秀，在20世纪50年代，它代表山东省被选送进了京，毛主席、周总理等党和国家第一代领导人，都看过济南皮影戏。

### 济南皮影戏特点：两人忙

李兴时说："当时去演出时，我的父亲李福增，再加上李福祥，是在中南海怀仁堂汇报演出的。之前去北京参赛，人家都是一整个剧团出来，生、旦、净、末、丑分开，唱是唱的，做是做的，咱济南皮影戏有一个特点就是'两人忙'，就两个人，一个人操纵影人演出，一个人伴奏。

"听我父亲说，当时登台之前都有点害怕，觉得两个人人少，结果著名作曲家田汉劝住他们，说这就是特色。结果演出效果特别好。

"后来选了黑龙江皮影、湖南皮影和山东皮影，去中南海怀仁堂演出。当时演出时并不知道，直到演出结束回宾馆吃夜宵，田汉才告诉我们，'今天看戏的人里有毛主席'，顿时大家就沸腾了！"

### 济南皮影戏有了新变化：黑白变成彩色

20世纪80年代，到济南皮影戏第三代传人李兴时那里，咱们济南皮影戏又有了重大变化。什么变化呢？由黑白变成彩色的了。

以前的皮影都是黑色的，用的马皮或者羊皮。到了1982年，山东电视台录制了十集《孙悟空大战蝎子精》，首次采用彩色皮影表演。

后来中央电视台甚至东南亚的电视台都转播了，反响很大。这意味着咱们济南皮影戏走出国门，走向世界了。

和许多民间传统艺术形式一样，济南皮影戏也有传男不传女、传内不传外的规矩。但是，这个规矩，在济南皮影戏传承到第五代的时候被打破了。

如今济南皮影戏的掌门人，是一名女性。她叫李娟，80后，是济南皮影戏第三代传人李兴时的孙女。她不但继承了爷爷的衣钵，而且还与时俱进，让皮影焕发出更时髦的"济南范儿"。

济南皮影戏，荟萃绘画、剪纸、雕刻、文学、音乐、表演等多种艺术形式于一体，是不可多得的民间艺术瑰宝，也丰富了我们的文化生活。

那么，什么样的皮影戏，叫人一看就知道是独属于咱济南的皮影戏呢？下文，咱们再接着说。

扫一扫，看同期节目视频

# ◎ 济南皮影戏的百年光影（下）

在咱们济南，济南皮影戏已经传承发展了一百多年。百年以来，济南皮影戏深受本土文化浸染，形成了特有的济南气质。那怎么才能算济南皮影戏呢？济南皮影戏又有着怎样与众不同的特点呢？

动起来是戏，不动时是画。皮影戏所用到的道具——皮影，本身就是一件艺术品。而咱济南皮影戏所使用的皮影，在中国皮影界独树一帜，长得就和人家不一样。哪儿不一样呢？

外行看热闹，内行看门道。您仔细瞧，这大小、模样都有特别的讲究。山东省艺术研究院非遗研究所所长郭学东说："过去皮影界有个规矩，叫'皮影不过尺'，也就五六寸大。为什么用这么小的皮影呢？一个是携带方便，一个是制作简单。当然最主要是因为它主要用于说唱，而不是在于影子的表演，影子都是提示性的表演。

"到后来，皮影单独作为艺术发展以后，李家皮影发展出了皮影作为造型艺术的独特性，所以它慢慢发展到50厘米以上，甚至根据剧情能做成几米大的影子，开创了皮影的新历史。"

济南皮影戏第五代传人李娟说："有的地方的皮影是通天鼻，额头像一刀切的；有的地方是尖下巴，樱桃小口线线眼。这是各个地区的特点。咱济南皮影是圆额头、圆下巴，整个人物比较饱满、圆润，比较符合我们山东人的形象。

"再就是济南皮影整体造型偏粗犷，因为我们济南皮影做道具是为表演服务的，不是拿来摆着欣赏的。只要是做皮影，就是我们表演里的角色，需要谁就做谁，做完了之后就要参与表演了。如果做得很精细就会影响表演，比方说胳膊、腿很容易掉下来，所以就需要稍微结实一些。"

经过一百多年的演变，济南皮影戏在唱腔上也经过了迭代。现在的济南皮影戏，区别于其他地方咿咿呀呀唱戏，走的是相声皮影的路线，时不常地"砸现挂"，逗得全场哈哈大笑。

再早呢，济南皮影戏唱的是摩调。摩调是个什么调呢？现在可不太容易听到了。国家级非遗传承人、济南皮影戏第三代传人李兴时说："摩调源自我爷爷的师父张盛旺念经时的调。张盛旺是个还俗的和尚，他的唱腔特点就是节奏慢、很平淡。后来到了我父亲这一代，唱腔有变化，铿锵有力多了。为什么要有这种变化？随着时代变迁，皮影得符合人们审美和娱乐欣赏的需求。过去听评书、看皮影戏得拿一分钱，一分钱让你坐下看一刻钟，这一刻钟里观众想听到的、看到的内容更多。再就是到我这一代，就变得更生动、更有趣，更有济南味儿了。

"济南皮影戏对从事这一行当的人要求格外高，得是全才。为什么这么说呢？因为表演济南皮影戏的人，不但要会表演，嗓子好、口才好、脑子灵，一个人在场上操作几十种道具，还得美术好、会雕刻、做皮影、编剧本、能伴奏等，真真儿的一个人撑起一台戏。"

现在，只要济南皮影戏一开张，不一会儿就能被观众围得水泄不通，而这要归功于济南皮影戏敢于创新、善于创新。如今传承到第五代，济南皮影戏在题材上的创新成为最大亮点，有现代皮影、动画皮影，甚至还有英语和日语皮影节目。

济南皮影戏还走进校园，济南市趵突泉小学成了济南皮影的试点传习学校。在那里，皮影和动画得到有机结合，编出的新剧目也深受少年儿童喜爱。

最近，济南皮影戏又在全国皮影界开了先河，打造出皮影戏脱口秀，这在全国可是独一份。

动画皮影

　　真人借假人的影子迷人，影子借真人的唱腔抒情，光影交错之中，影人上下翻飞，闪现的是艺人们的艺术智慧，饱含着传承者的满腔热忱。济南皮影戏，是济南又一张艺术名片。希望更多的人关注它、了解它、享受它、喜欢它，让它继续发光、继续闪亮。

扫一扫，看同期节目视频

# ◎ 稀世珍宝木鱼石

说到木鱼石，很多人会想到20世纪80年代风靡一时的电视剧《木鱼石的传说》，尤其是那首脍炙人口的主题曲："有一个美丽的传说，精美的石头会唱歌……"但是，可能很多人不知道木鱼石，它是地地道道的济南特产，号称"中华第一神石"。这是一种怎样的石头，又为什么会被当作神石呢？

### 会唱歌的木鱼石，还有美容、健身的大功效

木鱼石，也叫"木纹玉石"，因其颜色、花纹、声音酷似和尚诵经敲打的木鱼而得名。据《本草纲目》记载，木鱼石系珍稀中药材，其性甘平、无毒，有定六腑、镇五脏之功效，久服有强力、耐寒、耐暑、不饥、轻身、延年不老之神奇疗效。后经多家权威部门鉴定，木鱼石中含有多种人体必需的微量元素和矿物质，有显著的保健和美容功效。

长清木鱼石协会会长王光禄说："似木并非木，是石酷似木，妙早健身水，天赐珍宝物。"用木鱼石茶具泡茶，即便是在酷暑季节，五天内茶水也不会变质，仍可饮用，而且水中的微量元素和矿物质含量达到国家矿泉水限量指标。

紧接着，王光禄用纯净水和PH酸碱度检测液做了个实验。原本是弱酸性的水，在木鱼石茶具里泡一泡，就变成弱碱性水了。

再就是白酒，经山东省食品质量监督检验中心检测表明，用木鱼石器

具盛酒（指白酒）24小时，甲醇含量可降50%，杂醇油含量可降65%以上，酒精含量不变。任何白酒只要在木鱼石酒具中放置20分钟，即可变得绵软、甘甜、可口，辣味、苦味明显减轻，与盛入其他酒具中的酒形成明显的差别。

### 木鱼石的产地全国只有一处

另外，王光禄说："现在很多其他地方也说产木鱼石或者外观类似的红石头，但是成分并不一样。张夏镇馒头山一带的木鱼石呈紫檀色，所含成分经过国家权威部门鉴定。"

木鱼石产自哪里呢？它的产地只有一处，就是泰山山脉西侧，济南长清区张夏镇馒头山一带，当地老百姓也叫它"馍馍山"。别看这座山名字挺俗，也其貌不扬，但却是地质界公认的世界地质名山。山上的岩层，层次分明，记录了五亿多年的地质变化。它是华北寒武纪地质结构划分的标准山，是省级地质遗迹自然保护区。而木鱼石，属于海底沉积物，是形成于距今约5.5亿到5.8亿年间的矿产资源，储量有限，不可再生，极其珍贵。

### 木鱼石做成的茶具、水杯，与乾隆皇帝有渊源

在馒头山脚下有一个茶棚村，这个村子的形成，也因木鱼石而来。这话怎么说呢？本来，这里是没有村落的，路两边都是茶棚。为什么在这设茶棚呢？因为过去，这是一条官道，从北京上泰山，这是必经之路。而这里的茶棚，生意那是格外好，因为这里用的茶具和盛水的容器都是木鱼石材质的。人们发现，用木鱼石泡出来的茶，格外好喝，所以赶路到这儿，都愿意在这里喝碗水，歇歇脚。茶棚生意好，人就不走了，久而久之，就形成了茶棚村。

为什么木鱼石多被做成茶具或者水杯呢？据说这和清朝乾隆皇帝有着

莫大的关系。都知道乾隆皇帝喜欢微服私访。相传他来到泰山脚下一个叫馒头村的地方，发现这里的人特别长寿。都说"人生七十古来稀"，在古代，活到八九十岁的老人那就更少见了。但是，馒头村里八九十岁的老人不少，而且精神头十足，这是怎么回事呢？乾隆一调查，发现这里的人，吃饭的碗、喝水的杯子都是用一种像木头又不像木头的紫檀色石头做的，也就是木鱼石。所以他每逢登泰山、游灵岩寺，必得用木鱼石做的杯子喝茶。在历史上，乾隆皇帝也是为数不多的高寿皇帝之一。

### 用木鱼石喝水长寿

张夏镇茶棚村党支部书记韦传宝说："现在我们喝的水都是木鱼石水，打的深井里边都有木鱼石。通过去年的统计发现，我们村90岁以上的老人达到7个，80岁以上的达到37个，生活在这个环境中的人普遍长寿，包括附近的各个村都是差不多情况。"

### 木鱼石得到广泛应用

南有紫砂，讲究工艺审美；北有木鱼石，注重材质功能。现如今，经过精心雕磨和开发，木鱼石又被制成酒具、餐具、砚台、摆件、护肤品等，其独特的保健养生功效和观赏收藏价值使之成为济南独有的代表特产，堪称民间之瑰宝。

济南市旅游商品分会会长朱林朴说："木鱼石不仅仅是一种器型的商品表现，更重要的是在人体保健和养生方面起到的巨大作用。所以我们提出了一个木鱼石保健养生链——木鱼石水桶、凉水杯、盖杯、旅行杯、随身携带的养生杯，也可以说是'懒人养生法'了。再一个就是它的传承价值相当大，文化、艺术乃至带有我们个人特点的东西，都可以通过木鱼石传承下去。"

咱们济南，物华天宝，人杰地灵，拥有木鱼石这样的稀世珍宝，是济南的幸运，更是济南的骄傲。所以，我们更要珍惜它、保护它，让这块精美的石头唱出更加动听的歌谣。

扫一扫，看同期节目视频

# ◎ 兔子王：老济南的小萌神

节假日里，无论是走亲访友，还是外出游玩，人们总想多了解点当地特产。那咱济南的特产是什么呢？阿庆哥觉得，有一样特产，既能诠释老济南的传统文化，又特别能烘托节日气氛，那就是老济南的传统民俗玩具——兔子王。

兔子王

兔子王是济南最有代表性的泥塑玩具之一。兔脸人身，长耳白面，三瓣红唇，长长的耳朵由弹簧与头部相连，可以摆动，威风凛凛，又憨态可掬。

老济南人过中秋节有三大件，分别是月饼、鲜货篓子和兔子王。月饼，大家伙儿都知道；鲜货篓子是什么呢？老济南人把新鲜水果称为"鲜货"，而盛满鲜货的筐子就叫作"鲜货篓子"；再就是兔子王了，那这兔子王是干什么用的呢？它是过去中秋节祭拜月亮用的吉祥物。

民俗专家张继平介绍说："在济南及山东周边地区，有'男不拜月，女不祭灶'的说法。以前八月十五拜月的时候，一般都是家里女性长辈带着儿女一块在院里设祭坛，摆上兔子王，放一些象征吉祥的西瓜、石榴等水果，举行拜月仪式。"

泥塑兔子王最早出现在明末清初，在济南、北京、河北一带盛行。最火的时候，济南制作兔子王的，光叫得上名的就有米家、解家、张家、周家等30多家，每家的样式都不一样。在中秋节前一周，泉城路、西门、老东门附近都是兔子王最多的地方。

正月十五看花灯，八月十五看兔子王，这也是老济南的习俗之一。而周氏兔子王，属于省级非物质文化遗产。

周氏兔子王传承人周秉生告诉阿庆哥："周氏兔子王采用黄河胶泥制作，背后插有两杆旗子，主要用黄、绿、红、金色等喜庆颜色，脸谱的勾画借鉴了传统戏曲的脸谱绘画形式，全身多处关节会动，不仅外观好看，而且显得格外威武。"

周氏兔子王如今已传承了四代，有大红袍、站王、坐虎、坐墩儿等十多个传统造型。然而万变不离其宗，兔子王大多是武将捣药的造型。

老济南人之所以会在中秋节供奉兔子王，这里头还有一段民间传说。据说咱济南八月十五吃月饼的习俗，都是兔子王带来的。

济南自古泉水多。相传在古代，突然有一天，不知怎么从泉眼儿里冒出来些臭泥汤子，人们喝了这样的水，都染上了怪病。想治这个病，只有月亮奶奶的药才管事。可是月亮奶奶只给富人治病，不给穷人治病。这时，济南城里一个名叫任汉的少年，就在八月十五月亮奶奶生日那天，混进了广寒宫，偷到了药饼儿。就在这时，月宫外浓云密布，只剩一个碗口大的云彩眼儿，怎么也钻不出去。为了救济南的贫苦百姓，月宫中的玉兔牺牲了自己，死后让任汉穿上了它的兔皮，变成白兔钻出云彩眼儿。任汉把带回来的仙药放到了七十二名泉里面，于是，浑浊的泉水瞬间变得清澈见底，格外甘甜。老百姓喝了泉水以后，病自然就好了。

兔子王发展到今天，融入更多泉城文化和本土特色，又发展出了更有时代特色的造型。

入选教科书的兔子王

阿庆哥手中的这款兔子王，入选了经教育部审定的2013"人美"版的美术教科书。

泉城兔子王创办人杨峰介绍说："泉城兔子王融入了中国传统元素和泉城文化，也对济南的泉水景观进行了展现，比如黑虎泉兔子王、卧牛泉兔子王、五龙潭兔子王等系列造型。"

泥塑艺术里有句行话，叫"三分塑，七分绘"。这个"绘"，主要体现在开脸上。所谓开脸，就是对脸部的雕刻和描绘。杨峰告诉阿庆哥："开脸就是指画兔子王的五官，南方叫'开相'，北方叫'开脸'。开脸是整个兔子王绘画过程中画龙点睛的地方，作品有没有神采，就靠这个环节体现。"

小小一个兔子王，不仅承载了许多老济南人童年的美好回忆，也是咱们泉城济南的一个标志性文化符号。如今，已经很少有人在中秋节供奉兔子王了，兔子王的造型也几经变化。但是，永远不会改变的，是蕴含其中的济南特色，是对平安、健康、幸福生活的美好期盼。

扫一扫，看同期节目视频

# ◎ 商河老粗布：一针一线总关情

大伙都知道，咱济南的道路很多是以经、纬命名，比如经十路、纬一路，而且这个经纬和地理上的经纬概念是反着来的，这在全国可是独一份。您知道为什么这样起名吗？

### 长者为经，短者为纬

据《济南市志》记载，道路以经、纬命名，是济南开埠时根据古时手工织物"长者为经，短者为纬"而来的。因为那时在济南开埠的范围内，东西路长，南北路短。由此也可见，纺织业对济南发展之重要，对济南影响之深远。

在这其中，有一种手工纺织品独树一帜，是咱们济南乃至山东特产之一，那就是商河老粗布。

### 家家机杼声，户户织土布

商河老粗布，一千多年前就在商河这片土地上产生了。

《山东省志》记载："商河大布皆出女子手工，用具均为木质，少女10岁能纺线，16岁能织布，鸡鸣早起，夜半始眠，成年妇女可成布500尺。"《明清商河县志集》也有记载，当时此布在山东省内乃至京津地区非常畅销，"每岁销行数万块"。

随着工业化和机械化的发展，纯手工织造的老粗布一度不流行了，更多的是由村里妇女织出来给自己家里用。直到20年前，一位商河农民不经

商河老粗布

意间的一个举动，让商河老粗布又重新回归大众视野。

商河老粗布织造技艺传承人、商河县孙集镇刘店村村民李秀凤说："2000年以前，我们孙集镇刘店村，有一位叫刘在利的老乡去北京打工，他随身携带的老粗布床单被单位的老板看中了。

"老板觉得这是村里自己手工织的布，想必使用起来非常舒服，非要高价向刘在利买下来。刘在利觉得自己带的是老家最习以为常的手工床单，也没有向老板要钱，便送给了他。

"刘在利回来以后，把这事当故事讲给我听。我一听，这是个商机啊，于是全村开始生产手织布。"

要说那位老板真识货。商河老粗布，虽然名字里有个"粗"字，其实质地非常柔软，冬暖夏凉、透气吸汗、抗静电、防螨虫……总之优点特别多。

但你说它花色土，咱得承认，土是真土，不过，这种色彩搭配，那也是很有来头，很有讲究的。

### 商河老粗布，要的就是浓郁乡土气

李秀凤告诉阿庆哥："商河老粗布的经典花型之一叫'野鸡翎'。为什么这么叫呢？因为商河人在农田劳作的时候，看到旁边的野鸡羽毛非常漂亮，回到家，就模仿着这个花色搭配出来。

"还有种花型叫'胡椒花'。这是因为胡椒成熟的时候，一个一个小点点密密麻麻，甚是喜人，人们就想法从粗布上造出这种花型。想把它织出来还很复杂呢！"

这种浓郁的乡土气息，反而是商河老粗布的鲜明特色。这体现了商河人对大自然的敬畏和热爱，也饱含着商河人的智慧和手工艺人的独具匠心。

生产商河老粗布，一直使用的是当地传统的木制织布机，别看简陋，可都是商河人根据实际需要手工打造出来的工具。而且，在生产过程中，商河人还形成了只有本地人才会讲、才能懂的方言文化，很有趣。

织布工序

李秀凤介绍说："'落yue子'就是把线缠上，'娘花车子'是纺线用的，牵机、打交、'挂jue子'等一系列工序是设计花型，'齐溜'就是牵完机以后缠起来的线团。牵机一天也就是牵上三四百米线，来来回回这么走，合着需要走三四十里路，是个体力活。

"要想织出商河老粗布，得需要大大小小72道工序。每一步都比较复杂。比如整经，540根线，4个人整理半个月，才能整出五六百米。而且不能用机器代替人工，机器其实更费事，每一根线得配上一个线轴，540根线就得需要540个线轴，工程更大。上机织布更难，尤其是织翻花布，需要4把梭子，要保证花型对，特别费脑子。"

看梭子在织女手中上下翻飞，阿庆哥也禁不住想试试，但是被拒绝了。这是为什么呢？李秀凤介绍说："这也有讲究，在商河，织布是女人干的活，男人不能干。其实呢，是因为男人劲儿大，织出来的布不如女人织的柔软。"

## "了机"和"起机"

在过去，纺纱织布，是商河女人必备的劳动技能。养家糊口靠它，身上穿的、床上铺的，也都是自家织出来的老粗布。尤其是在女儿出嫁的时候，母亲都会为女儿准备16铺16盖，甚至20铺20盖，以此作为嫁妆。

到女儿出嫁的那一天，家人把布和被褥放到牛车上最显眼的位置，吸引众多村民观看。如果花型新颖、色彩搭配好看，村民们都会赞不绝口："你看谁谁家给闺女做的真俊，下次咱孩子出嫁要嫁妆的时候也叫着她去帮忙！"

而且，以前女儿出嫁时送的布匹和儿子娶亲送的布匹也不一样。女儿出嫁的时候，家里人一般会给整匹布最后面的一段，这叫作"了机"，寓意就是"嫁出去的女儿，泼出去的水"。送给儿子的布匹，是要从头开始的那一段，这叫作"起机"，寓意就是祝福成家立业的男子能顺风顺水，借此起势。

### 老粗布也在不断创新

如今，商河老粗布也在与时俱进，花型款式不断创新，产品种类也越来越丰富多样，服装、家居用品、旅游创意用品等畅销海内外。唯一不变的是商河人对老粗布传统制作工艺的坚持和传承。

商河县孙集镇刘店村村民李秀凤的儿子刘越说："商河老粗布的精髓，恰恰就在于它不是标准化生产。它的每一针每一线，都蕴含着我们商河织女们的智慧。可以说每一匹商河老粗布都是不一样的。它的花型设计，都是由我们织女自己想出来的。它的经线和纬线的松紧度，都是由我们人工去拿捏，而这一点正是机器所无法代替的。所以说我们商河老粗布具有人文气息，也具有人情味儿。"

一双双勤劳朴素的双手，织出了商河老粗布的新生机，也织出了商河人民对家乡的热爱、对美好生活的追求、对民俗文化的传承。

扫一扫，看同期节目视频

# ◎ 老济南人的童年游戏

每逢周末或者节假日，很多家庭都会带孩子出来玩。玩，是孩子的天性。童年，最开心的事情莫过于玩了。说到玩，阿庆哥想问上一句，您还记得小时候玩什么、怎么玩的吗？咱们就来聊聊老济南的那些童年游戏。

回忆起自己小时候玩过的那些游戏——踢盒子、打尜（gá）、推铁环等，好多老济南人都打开了话匣子：

"砸毛驴，一帮孩子在那里站着，有一个弯着腰，其他人往他身上砸。"

"骑毛驴打仗，骑在他脖子上，他是马，我就是战士，就那么打……"

"杠老杠，杨树叶子那个秆，你一根我一根，就那么杠，我把你那个弄断了，你还得给我一根……"

"推铁环，可以变换好多姿势，比如说推着推着，把这个钩子拿到里边来再推，或者跑到前边去，迎着它再给它推回来……"

看来大家当年都是游戏高手！

弹溜溜蛋儿、滚铁环、抽老牛、扇洋画、投皇上、打尜、藏马虎、三个字……老济南的儿时游戏，几十种是有了。过去，孩子们都是在胡同里玩。一到傍晚，有孩子就在外头招呼："大孩小孩都出来玩，买长果，过排排，就是不带小月孩。"听到喊声的孩子，恨不能饭也不吃了，作业也不写了，忙不迭地跑出来。"贼么贼，点点摸摸，开花落落，豇豆绿豆，开花一口。"抓住了就失败，抓不住就赢了。老济南的童年游戏，最妙的就是配上夹带着浓郁济南味儿的童谣和口诀。

老济南人崔兆森说："我记得有一个游戏的口诀是这样的——'老鼠老鼠一月一，早来，老鼠老鼠二月二，早来！……'一直唱到'老鼠老鼠九月九，逮住老鼠咬一口'，然后就抓住一个人，他就是老鼠。"

女孩子的游戏口诀最经典的莫过于跳皮筋时的唱词了。

济南市民曹风仙回忆说："小皮球，上轿里，马兰开花二十一，二八二五六，二八二五七，二八二九三十一……就这样一直唱到一百。"

还有男女一起玩的："甜秣秸，摸秣秸，摸摸哪里再回来！"

童年游戏

济南市民李成泉说："小时候玩这个游戏最爱搞恶作剧。搞什么恶作剧呢？有一些不敢摸的、不应当去摸的，他非说摸那个不行。比如说有一个孕妇在那走着，就说你摸摸那个走道的肚子再回来，还有说摸摸狗尾巴再回来，那不咬得慌吗？"

不带童谣和口诀的游戏也有很多，像弹溜溜蛋儿是最经常玩的了。济南人管玻璃球叫'溜溜蛋儿'。手指这么弯起来，把溜溜蛋儿放在食指上，用拇指顶住，看谁先能弹到坑里去。还有一种玩法是用我的溜溜蛋儿碰你的溜溜蛋儿，谁输了给谁一个溜溜蛋儿。还有滚铁环，用铁丝做一个圈，再用弯成一个"U"字形钩子的铁棍推着跑，看谁跑得快。

这些游戏简单好玩，但想要玩好啊，那也得练，也得讲究技巧。

阿庆哥说，他小时候玩的最好的是打尜，把一个木棍两头削尖了，再用木板打。这个木板夏天打尜，冬天拍雪。阿庆哥小时候在一大马路纬五路五里沟住，打得那个尜最好的时候，能从一大马路啪啪地打到三大马路，打神了能围着万紫巷转一圈。

过去，生活条件不行，不像现在，玩具五花八门，精致好看，还挺贵。以前的玩具都是因地制宜、就地取材，一根木棍、一张废纸，就能玩起来。游戏成本很低，但是孩子们总有创意。阿庆哥说，他小时候放风筝，那风筝可不像现在的风筝造型这么精美，而是找张纸叠一叠，再抠个眼儿，拴上个"迷子"，拽着跑，看谁飞得高。"迷子"，是济南话，就是家门口挂的帘子，是一根一根串起来的东西。阿庆哥自曝了个趣事儿，为了要那个"迷子"，他偷偷到人家门口抽抽，拿来当风筝线，结果叫人家撵得满街跑。

拍洋画是小时候很重要的一个游戏活动。老济南人崔兆森还保存着当年的洋画。这些洋画可是有六十多年历史了。没有洋画的时候，就把大人抽的烟盒叠成三角，拍三角。崔兆森还保存着过去的老烟标，山东的千里驹、8分钱一盒的大众、泉城、琥珀等。要是这些东西也没有，那就用纸叠，大家再扇。那时候谁家里边要是有个挂历，厉害了！尤其是叠得好的，那是板王，得求着他要。一个人拿着好几个，最后能赢一大摞。

儿时的老游戏，人多的时候可以玩藏马虎，人少的时候可以玩翻绳、东南西北。有些游戏还分男女，男孩子玩碰拐、砸毛驴，女孩子玩跳皮筋、拾子。不过，无论玩什么游戏，大伙都能在游戏中学习，在交往中成长。

济南市民海菊说："女孩子那时候跳皮筋，谁要是有根皮筋，可了不得。她的皮筋，是拿自行车的内带，铰成一圈一圈连起来的，那时候缠了一个大疙瘩。有了皮筋，同学们都愿意和她玩。然后大家还分带谁玩，不带谁玩，她就说大家伙儿都有份。"

大家一起玩游戏，对同伴的选择也有要求。出慢手，不行！藏马虎，趴电线杆子上偷看，不行！跳皮筋，不团结合作、步调一致，不行！当英雄，倒下时不坚决、怕疼，不行！想当年，孩子们对输赢的斤斤计较、对游戏规则的一丝不苟、对得分失分的当仁不让，不亚于甚至胜于成年人做事情的认真和执着。游戏过程中，玩得认真、较劲，游戏结束后，心态又一切"归零"。大开大合的大家风范，在这些经典的儿时老游戏中，不知不觉地就培养起来了。

投入、参与、创造是游戏的精髓。爱玩的孩子健康，会玩的孩子聪明，常玩的孩子善于与人合作。闲暇时间，大家不妨放下手机，放下琐事，和孩子们一起玩一玩咱们经典的童年游戏，尽情地奔跑，忘我地玩耍，收获的是孩子的快乐成长，是亲子关系的和谐。

扫一扫，看同期节目视频

# ◎ 堤口庄里话石锁

在堤口庄，男女老少都非常喜爱玩石锁。一位大姨对记者说，她练习石锁一年多，时间长度上没法跟一些老玩家们相比，但就这一年多，从10斤到20斤、30斤，感觉身体越来越健康、越来越有劲了。

据堤口庄社区书记杨磊介绍，原来老一辈玩沙袋和石锁，主要是把它们当作摔跤的基本功。现在，他们社区里70多岁的老人都在玩石锁，这项运动非常普及。当然了，现在练这个已经不是为练功夫打好基本功了，而是成为一种健身形式。

玩石锁的花样也不少，有"招财""霸王举鼎""石锁上拳""瑜伽石锁"。

练石锁或者说玩石锁，主要是练力量。而力量，则是人们在健康方面的一大追求。阿庆哥介绍说，"石锁功是咱们中华武术十大硬功之一"。有的居民玩起80斤的石锁都很轻松，甚至有人还能玩110斤的石锁。石锁，虽然大小、重量各有不同，但蕴含的历史和内涵则完全相同。阿庆哥希望石锁功能好好传承下去，而且鼓励大家都要走出家门，多接触大自然，多锻炼身体。

**扫一扫，看同期节目视频**

# ◎ 白雪楼上的山东琴书

咱们济南，素有"曲山艺海"之美誉，和北京、天津并称曲艺界的"三大码头"，很多艺术流派和门类都是以济南为平台孕育发展起来并走向全国的。

在这其中，有一种曲艺形式，可以说是生于济南，长于济南，有着浓郁的济南味儿，那就是北路山东琴书。

山东琴书，是以扬琴为主要伴奏乐器、以演唱故事为主要内容的一门说书艺术。它产生于清代雍正年间鲁西南菏泽地区，迄今有300多年的历史，是我国目前曲牌体曲种中发展最成熟、最完备的一种曲艺形式，是国家级非物质文化遗产，也是山东具有全国影响力的三大代表曲种之一。山东最具代表性的地方剧种吕剧，也是从山东琴书演变而来的。

## 山东琴书的发展离不开邓九如

山东琴书起初并不叫这个名字，早先干这行的是叫"打扬琴的"或者"唱小曲子的"。直到1933年，邓九如在天津广播电台演唱时，才正式把这种曲艺定名为"山东琴书"。说到这儿有人问了，邓九如何许人也？他就是北路山东琴书的创始人。

根据流行地区、方言、风格的不同，山东琴书分为南路、东路、北路三大流派，各具特色，各成体系。北路琴书最大的特点，就是用以咱们济南方言为代表的山东官话进行演唱。

其实，邓九如不是济南本地人，他15岁流落到济南，17岁跟着南路琴书艺人学唱琴书。正所谓在什么山唱什么歌，他学成之后，在不断的演出实践中，把济南方言"落地砸坑"的特色融入琴书当中，这一唱出来，果然大受欢迎。

山东省艺术研究院非遗研究所所长郭学东说："邓九如不愧为大家。他人聪明，天生嗓音条件也好，后天又很努力。比方说，过去我们曲艺都是说大书，说大书大部分都是跑梁子，行话叫'趟口儿活'。也就是说，给你一个故事梗概，你可以现场即兴发挥。而邓九如呢，大部分是'响口活儿'，也就是说实口实词。比如说他的《梁祝姻缘记》《王天宝下苏州》《棉花地》等许多中篇全都是实口实词，我们行话叫'响口活儿'。每一个中篇，大约都有十几二十几段回目，全都是实口实词背下来的。"

### 北路琴书的辉煌与滑坡

20世纪50年代，可以说是北路山东琴书最辉煌的时光。为了适应咱们济南观众的欣赏口味，很多南路出身的琴书艺人也逐渐北路化了。像樊明万、杨芳鸿等人，都是和邓九如同时期的琴书艺人，他们当时在南岗子、

山东琴书表演

新市场，也就是现在人民商场那一带唱，也是特别火。在那个电视还不普及的年代，老艺人们为济南人民奉献了一场又一场的视听盛宴。然而，好景不长，不久，山东琴书的发展就遭遇了断崖式滑坡。

山东省非物质文化遗产山东琴书代表性传承人杨珀说："我记得20世纪80年代初，咱传统艺术受到了冷落，那时候刚改革开放，流行音乐刚进来，山东琴书基本没有登台机会。我们知道这个是宝贝，但是观众不喜欢。我们出去演出，唱《甜蜜蜜》，三场就满，拿着扬琴上台，还没报曲目，观众就喊'下去吧！'要是演员往上走，香蕉皮就扔上来，往下哄你。所以对琴书演员来说，那是非常痛苦的一件事情。"

万幸的是，在这么艰难的情况下，邓九如的徒弟姚忠贤坚持了下来，没让北路山东琴书断了线。

杨珀说："20世纪80年代末，我们曲艺团领导还有老艺术家，组织我们这些从事传统艺术的演员，找了一个阵地，就在趵突泉。所谓阵地，最早是在柳荫树下，用几个小马扎，然后我和我师父姚忠贤先生就天天在那儿唱，把一些传统曲目都恢复起来。后来又移到葡萄架下，算是条件改善点了吧。我们坚持了二十年，一天天看着后来趵突泉里的白雪楼建成，从那之后我们又有了演出的舞台。"

### 山东琴书的新变化

山东琴书，尤其是咱们的北路山东琴书，你一定要听现场。那种感染力，那种妙处，只有身临其境才能感受。每每出来演出，山东琴书都能博得满堂彩，被观众要求返场那是家常便饭。为什么呢？因为，如今的山东琴书又有了新的变化，它变得更具时代感，更时髦了。

山东省非物质文化遗产山东琴书代表性传承人魏务良说："我们为了让观众更加喜欢山东琴书，从语言、音乐、内容上进行了革新。比如从语言上，更现代，和微信相关的'你发过朋友圈吗''你加过附近的人吗'，还有'做人三观得正啊''得尊老敬老啊'，我们唱起来，大家就非常喜欢。在内容当中，一些网络上的话题内容，比如说'到底救谁'大家比较熟悉。媳妇问她对象：'我掉水里去，你是先救你妈还是先救我？'在音乐上，比如我们演唱的《说唱脸谱》，大家也非常熟悉。我们用山东琴书把它翻译过来唱，这一唱起来，观众觉着，哎呀，这么亲切，这么熟悉，这么好玩啊！听起来，就非常愿意听，从而我们也达到了宣传、传承，让观众更喜欢琴书的目的。"

经过这些年坚持不懈的抢救、挖掘、保护和变革，山东琴书总算是传承了下来。

作为传承者，为了传统文化艺术的生存和发展，他们得耐得住寂寞，禁得起诱惑，守得住经典，创得出新意，这非常不容易。为此，我们应该向他们致以由衷的敬意，也希望，能有更多的人了解山东琴书，以山东琴书为豪，让山东琴书在咱们济南的土地上焕发出更加灿烂的光彩。

扫一扫，看同期节目视频

# ◎ 山东快书（一）：
# "当里个当"，说说那些不为人知的故事

　　"当里个当，当里个当，闲言碎语不要讲，表一表山东好汉武二郎。"这段唱词真是脍炙人口，几乎人人都能来上两句。它打哪来的呢？山东快书。"当里个当"，模仿的是山东快书里鸳鸯板伴奏的声音。山东快书是山东特产，可以说，人人都知道它，但是，不一定人人都了解它。您知道吗？正是在咱们济南，山东快书唱出了它最为传奇的百年华彩。

　　山东快书，据考证，发源自山东临清一带，是一种用山东方言演唱的曲艺形式，以说唱武松故事为主。因武松排行第二，故称"武老二"，演唱者也就俗称"唱武老二"的，又因为书中武松身躯高大，所以又叫"唱大个子的"。

　　直到1949年6月，一代快书宗师高元钧先生在上海灌制唱片，才正式将这种曲艺形式定名为"山东快书"。

山东快书塑像

　　山东省艺术研究院非遗研究所所长郭学东说："山东快书的形成和发展在曲艺史上是一个非常特殊的现象。它是以一个人说一部书而塑造一个形象，就是武松这个形象而形成

的这么一个曲种，这在汉族的曲艺史当中是绝无仅有的。"

山东快书表演艺术家赵连甲说："在这个说故事塑造人物的艺术形式里头，山东快书是独一无二的。它是农民的意识。它最羡慕的人、最了不起的英雄形象是什么？是武松。这是农民的意识。身子高达一丈二，膀子张开有力量，脑袋瓜子似柳斗，俩眼一瞪像茶缸，胳膊伸出像房檩，皮锤一攥像铁夯，巴掌一伸簸箕大，手指头，扑扑楞楞棒槌长，这是武松的形象。小说、话剧、电影、绘画塑造的武松形象，都没有这艺术形象。"

20世纪20年代，武老二艺人进入济南。干什么呢？赶山会！当时最火的就是千佛山山会了，山会上拉弦儿的、唱曲儿的、打把式卖艺的，三教九流，五行八作，艺人们各显神通，希望趁着人气多挣点饭钱。在这其中，山东快书，当时还叫"唱武老二的"，独树一帜，特别受欢迎。

赵连甲说："山东快书是一个了不起的创造，它了解群众心理。谁都知道武松打虎，最后把老虎打死了。这悬念已经没了，说书人怎么说这段？那就要把它的艺术特点、风格发扬出来，恐怖的、紧张的，变成松弛的、娱乐的。它把老虎拟人化了。'武松一看真有虎，一身冷汗湿了衣裳，喝了十八碗酒，从这汗毛孔眼里，嗞……全钻出去了。'它的语言就是农民的、生活的语言。'老虎一见武老二呢？打心眼里喜得慌。这个大个可不小，两顿我还吃不光来。它两顿吃不光，人受得了吗？'你看，它是翻来覆去的，把紧张的变成幽默的，这也是任何一种艺术形式不可能有的表现手段。"

所长郭学东说："当年在济南书坛，苟、黄、杨三人号称'三大将'，'苟'指的是山东落子艺人苟春盛，'黄'指的是木板大鼓艺人黄春源，'杨'呢，就是唱武老二的杨凤山。"

杨凤山唱武老二，口齿非常清楚，而且刻画人物生动，武松在他口中，就跟活了似的。因为杨凤山留有一条大辫子，人送绰号"杨大辫子"。他演唱的时候，喜欢着长衫，半文半武露出一条胳膊，大辫子往脖子上一盘，双目闪辉，出口就是碰头彩。动作洒脱，鸳鸯板打成嘟噜串。

经三纬一，也就是过去的南岗子，当年杨凤山就曾在这里支棚靠地，名气那是相当盛。可是，也正是这门艺术，让他把命都搭上了！

话说1923年6月的一天，杨凤山正在这唱着武老二呢，官府要枪毙土匪，刚好从旁边经过。不料，这个死囚一看见杨凤山，竟然冲他说上话了："杨大哥，下辈子我再听你说武老二。你这哥们，我喜欢！"死囚的本意是喜欢听杨凤山说书，可官府的人一听，还"杨大哥"，这是同伙吗？一块抓了！

所长郭学东说："杨凤山当时被拉到了处决现场，亲眼见到了死囚被砍头，当场就吓晕了。然后就不明不白地被押进了大牢，几天之后，还是书词公会的一些人把他保释出来的。"

杨凤山遭此飞来横祸，受了惊吓，大病缠身，竟然不出半月，就溘然长逝，年仅35岁。当时，他的儿子还尚在妻子腹中，临终前，杨凤山都没和自己的儿子见上一面，想来真是令人扼腕！不过，正是杨凤山的遗腹子，后来成了杨派山东快书创始人，将山东快书推上了新的高峰。他是何许人？又是怎么做到的呢？下文咱们接着说。

扫一扫，看同期节目视频

# ◎ 山东快书（二）：
# "坐地虎" "过江龙" 到底是谁

话说当年享誉济南书坛的"武老二艺人"杨凤山，英年早逝，留下遗腹子，名叫杨立德。这位杨立德可了不得，他后来成为鼎鼎大名的杨派山东快书创始人，也在咱们济南留下了一段段快书佳话。

杨立德唱武老二，是受他的叔叔杨凤岐启蒙，6岁就在南岗子，也就是现在经三纬一路一带抢板凳头给人垫场。他在济南一连演出七年，得到多位名师指点，被称为"小武老二"。

后来，杨立德又到山东各地走街串巷、赶集上店，经过多年摔打学习，表演风格日趋成熟，逐渐形成"喷口脆"、"行腔俏"、风趣幽默、亲切自然的风格。

杨立德的儿子杨帆说："我父亲有时候晚上在农村演出，没有灯，要是吐字不清楚，观众听不清楚就走了，完事儿要钱都要不来。所以就只能逼着自己下功夫，在嘴上练出功夫来。甭管多乱的场合，我让你把字儿听得一清二楚。甭管是多大的场院，站在最后一排，照样听得一清二楚，这样他才能把观众吸引住。过去都是唱完这一段开始敛钱去，你吸引不住，观众听完这一段，'噢挺好'，走了。得能把他吸引住了，不行我再听一段，钱才能收过来，等于是生活所迫，逐渐形成了俏口的风格。"

杨派山东快书第三代掌门人罗广兴说："杨派山东快书唱得比较快一点儿。快书嘛，它得快啊，不然为什么叫'山东快书'呢？你要唱慢了

杨派山东快书第三代掌门人罗广兴

叫'山东慢书'了。他就唱得比较细腻，让你感觉他嘴上的功夫比较多，'当当当当当'，和电驴子似的。"

在江湖上，历来是有坐地虎，必有过江龙。杨立德，是济南地界上的"坐地虎"，那"过江龙"就是被国家命名为"山东快书艺术大师"的高派山东快书创始人高元钧。

1934年，高元钧来到济南，先在南岗子抢板凳头，后进西市场、劝业场，又在大观园支棚演出长达六年。这期间，他形成了重在表演、强调节奏的表演风格。

高派山东快书第三代弟子赵福海说："高老过去撂地说书，都是在乱场子、集上表演，万一有些地痞流氓给他捣乱，抢他钱呢？所以艺人得会点功夫啊！那就要会武术，这样高老他做起动作来也好看。再就是他长得就喜相，就让人喜欢。"

山东省艺术研究院非遗研究所所长郭学东："可以这么说，是高元钧把山东快书推向了全国。他延续了咱们在抗日根据地的那种革命文艺传统：说新唱新。尤其是在抗美援朝过程中，他慰问咱们最可爱的人——志愿军战士，取得了很好的宣传效果。他回来以后又到了总政，这样才把山东快书在全国传播开来。"

高派山东快书第三代弟子赵福海

山东快书主要分为杨派、高派、于派。于派的创始人叫于传宾，是咱们济南平阴人，于派最大的特点是用传统的四页竹板伴奏。

于派山东快书第四代弟子李建华说："鸳鸯板改成四块竹板，声音就变大了。声音一大，在集市上，就容易招揽观众。这个样呢，就把场地哄起来了。再一个，竹板和鸳鸯板有个区别，竹板表现出来比较豪放、大气，于派就是以这种方式一直传承到现在。"

那么，关于山东快书的发展变化，还有哪些故事呢？咱们下文接着说。

扫一扫，看同期节目视频

## ◎ 山东快书（三）：
## 从"荤口"到"清口"看变化

　　济南素有"曲山艺海"之称，艺术形式很多，为了养家糊口混口饭吃，艺人之间竞争也是很厉害。山东快书出了很多有才华的艺人，影响也逐步扩大。然而，它却走上了一条歪路，在原本的英雄故事中加入了"荤口"，艺人们管这叫"脏活儿""臭活儿"。

　　杨立德的大弟子、山东快书表演艺术家赵连甲说："艺人为了生存，迎合了一部分人的低级趣味，就说'荤口'了，就是说黄色的东西。但是这样呢，他自己就要跌份儿了。那些有文化的人就会说：'你怎么满嘴胡说八道啊！'当年杨立德老师说的时候，有一个老太太就说他：'你这个

快板

小孩儿书唱得不错，可你没人话啊！'老太太不听了。这对杨立德是很大的刺激，也是人生的一大打击！"

杨立德的儿子杨帆说："以前，山东快书演出都在大街上，离书棚很近，我父亲在上面说'脏口'，年纪轻轻脸上挂不住，老觉得人家笑话。当时大伙都习惯干这一行的行话了，有女观众进来，就不好意思告诉人家说他这个书里头有'荤口'，只能说'对不起，我今天发烧，胡说八道'，不敢让人家进。"

20世纪30年代，杨立德、高元钧，还有一位叫傅永昌的艺术前辈，他们仨人在济南碰了头，同感"荤口"的危害，于是共同倡导革新。

赵连甲说："这些艺人意识到了，我爱我的艺术，我要发展我的艺术，就必须解决这个疙瘩、毒瘤，不能再唱这些东西了，我们要尊重观众，这是观众要让我们走正路的，对孩子也是教育。说书唱戏劝人生嘛，你应该是善劝人生的，这是你的高尚职业，结果你胡说八道，把自己职业的本质都磨灭了，那么就开始搞'清口'。"

杨帆说："当时说快书的，大褂这一半袖子不穿，窝在衣服里面，扎着腰，这个大襟弄上来这样系着，就和那种打把式卖艺的、卖大力丸的一样。我父亲（杨立德）就觉得吧，这个形象也不好，自己先把大褂都穿齐了，衣装整洁，就像说书的一样。"

"荤口"改"清口"，这件事做起来可是相当需要魄力的。为什么呢？因为这样一改，是有代价、有牺牲的，那就是得少赚钱了。但是这些老艺人，为了心中对艺术的敬畏和尊重，为了山东快书的发展，毅然决然——改！

赵连甲说："山东快书如果还要观众喜欢它，就要去丰富它、提升它，在表演上，在刻画人物上，在细节上，在安排上，提高它的书日水平，实际是一个推动和发展。所以山东快书有今天，跟这个改革，跟我们得到的教训和经验，有直接的关系。"

　　杨帆说："改了以后效果不错，观众更多了，因为女的也能听了，到哪里说都不用顾忌了。"

　　没想到，经过这么一改，山东快书反而更受欢迎了。据说当年演出火爆的时候，杨立德每天要用面袋子装钱。

　　杨帆说："那时在青岛，下午、晚上说两段，一袋子钱就差不多了，挣得多的时候，就找个人扛回来。"

　　高派山东快书第三代弟子赵福海说："听师父讲，其他行当艺人也就是混个温饱，说山东快书呢，一天能吃个烧鸡，有钱买肉吃。"

　　山东快书选择了健康，选择了光明，才得以走出济南，走出山东，成为誉满全国、为人津津乐道的大曲种。在这之后，学山东快书、唱山东快书的人遍地开花。还是在咱们济南，诞生了山东快书新一代领军人物，让咱们济南乃至山东人继续引以为豪。这其中又有着怎样曲折动人的故事呢？

扫一扫，看同期节目视频

# ◎ 山东快书（四）：
# 说一段英雄故事与你听

山东快书这种曲艺形式，从进入济南，就一直活跃在市井乡间——大观园、西市场、明湖居、劝业场、人民商场南岗子，这些地方都能见到山东快书艺人的身影。到了20世纪五六十年代，山东快书已经成了最受欢迎的曲艺形式之一。

## 山东快书在济南迅速发展

杨派山东快书第三代掌门人罗广兴说："当年南岗子那个唱快书的叫张元胜。张老师大高个，一米八多的个子唱山东快书，唱得好。我从小就开始听他，那时候还没听杨立德老师的快书。他是章丘人，他一唱快书，哎哟，那种气势，真好！"

高派山东快书第三代弟子赵福海说："我小时候，除了上西市场一分钱一本看个小画书，再就是上书棚里蹭书去。怎么叫"蹭书"呢？就是人家唱一刻钟，唱完拿小篓子一敛钱，我就跑了。"

罗广兴说："我小时候也蹭书。小孩都跑了，我藏门后头。人家出来撵啊，回头一关门看我在门后头，就过来扭耳朵，扭到门口，一脚踢出去了。"

### 孙镇业北上拜师

1961年，时年15岁的孙镇业，从济南赶到北京，拜高派山东快书创始人高元钧为师。他的保师是谁？就是我国著名作家老舍先生。在当时，老舍先生给了孙镇业受用终生的一席话，这也奠定了孙镇业表演风格的基础。

2008年济南电视台采访孙镇业时，他说："老舍说，'你老师（高元钧）的表演动作很大，在舞台上气势不小，你再大一点，唱出那个气势来'。我自己觉得，有好多的动作设计、气氛啊，好像是比我老师又扩大一点。"

山东省艺术研究院非遗研究所所长郭学东说："孙镇业的表演大方细腻，一个是他舞台的气韵特别好，比较逼真，夸张活泼，不失山东快书的幽默。"

### 山东快书《武松传》中的英雄形象深入人心

跟阿庆哥差不多年纪的人肯定会有印象，在20世纪80年代，人们最常见的娱乐活动之一，就是打开收音机，听广播电台里放《武松传》，那就是孙镇业演唱的。

孙镇业的儿子蓝海说："20世纪80年代，我父亲在电台录制了《武松传》，也就是从那时候起，他火遍全国，家里每天收信，都这么一摞一摞的，信远到新疆、广东、黑龙江等很多地方。每封信基本上都会表达听完《武松传》后那种激动的心情，更多的信是要求来济南学习山东快书。"

### 孙镇业掀起了一波喜爱山东快书的新高潮

"闲言碎语不要讲，表一表山东好汉武二郎。"这句唱词，一时间成了许多人的口头禅。那时候，济南的马路边上、大明湖畔，随处可见小伙子拿着板在那比画。可以说，孙镇业使得人们对山东快书的喜爱又掀起了一波新高潮。

高派山东快书第三代弟子李东风说："我师父个头高，长得又帅气，而且活也好，唱一个大段下来，中间抖包袱地动山摇啊！要用行内的人说话，叫'抖四角'，满场子呼隆一下子起来那包袱，效果非常好。每场演出正段下来以后，怎么着也得弄两三个小段，有时候得五六个小段，这一场演出才能结束。"

山东省艺术研究院非遗研究所所长郭学东说："济南人为什么喜欢山东快书？我认为有两点原因。一个就是作为一个方言曲种，它语言上有亲切感；再就是它表现了咱们山东人那种急公好义、豪爽气度，以及不失幽默的特点，这一点特别符合山东人的性格。"

### 山东快书塑造的英雄形象越来越丰富

山东快书，用极具山东特色的艺术形式，塑造了武松这一山东大汉的英雄形象。另一方面，从20世纪30年代开始，从革命根据地发展起来的山东快书新作，继承了歌唱英雄形象的传统，塑造出了更多英雄形象。

作为山东快书表演艺术家、高派山东快书创始人高元钧最得意的弟子，孙镇业也从了军，当了兵，把山东快书艺术、山东快书精气神带到了全国各地。

2010年全运会，山东快书现场解说体育赛事成为亮点。

罗广兴说："出去以后，人家说'你得来一段山东快书'。我就感觉很自豪，也很高兴，也感觉作为一个山东人，咱很荣耀。"

如今，山东快书走进济南已近百年。经过百年传承和无数艺人的实践、改革和发展，它内容上步步升华，形式上臻于完美，散发出更加迷人的艺术魅力，成了咱山东最具代表性的艺术名片。

希望在济南这片土地上，山东快书能一直唱下去，继续谱写咱们的英雄故事。

扫一扫，看同期节目视频

说济南·有滋有味

# ◎ 老济南喝茶有讲究

济南老百姓居家过日子，宁可食无肉，不可居无茶。早年间，济南府三教九流五方杂处，东关胡饼西关酒，贵贱贫富各不同。但再穷、再没钱，也不能缺了那二两茶叶；纵然家徒四壁，也不能没有一把好茶壶。喝茶不仅是个人嗜好，更是待客之道，关乎礼数和脸面。接下来咱们就说说老济南喝茶的那些讲究。

茶，自古就是咱中国人最喜欢的饮料，济南人当然也不例外。现在人们喝茶的选择非常多，绿茶、乌龙茶、黑茶、红茶等，但在历史上，济南人喝的茶相对比较单调，很长一段时间，都是喝茉莉花茶或珠兰花茶。

老济南人，每天起来第一件事就是先沏上一杯茶，而且遵从"勤、浓、酽"三字经，一日三茶从早喝到晚。山东人豪爽，大块吃肉，大碗喝酒。济南人喝茶也豪爽，居家喝茶、沏茶待客，壶大、碗大。除了给家中年事已高的老人特备盖碗茶杯之外，一般都用双铜提系圆筒平盖大茶壶，茶壶肚大高深。

芙蓉街5号院的董阿姨家，是至今保存得非常完好的老济南泉水人家。北屋，也就是堂屋，是主人接待客人的地方。客人来了，好茶好烟招待，先敬烟后沏茶。沏茶待客也有规矩和礼数，"酒要满，茶要浅"。茶壶嘴不能冲人，壶嘴对着客人是大忌，很不礼貌。咱老济南人对喝茶也是颇有讲究的。民间有"头霍（泡）有土，二霍发苦，三霍掉shei（色），四霍待kei"一说。作为济南人，咱得谨遵祖上的喝茶之道。茶过三五巡，香烟吸了两大包，越拉越投机。于是主人便倒掉旧茶换新茶，重新沏上一壶，此谓之"续壶"，济南话也把与人套近乎、拉关系称为"续壶"。如果续壶过后仍意犹未尽，那就得酒饭招待了。

老济南人茶喝得多，经的事也多，深得其中三昧，故也常爱拿茶说事。济南话里不少俗语都与茶事有关，尤其是一些俏皮话、歇后语。比如："茶园里招手——胡（壶）来"，"茶馆搬家——另起炉灶"，"茶壶掉了把——就剩一张好嘴了"，"茶壶里煮饺子——有嘴倒不出"，"哪壶不开，专提哪壶"，等等。借物喻人，由此及彼，隔山打牛，虽俚俗而不鄙俗，妙不可言。宋代，济南文人有"斗茶"之风，即大家聚在一起煮茶品茗，相互评比看谁茶盏里的茶好喝。

济南的春天非常短暂，夏天酷热难耐，以前盛夏之夜人们都有当街乘凉喝茶的习惯。街头巷尾的茶馆（茶水灶）生意兴隆，左邻右舍的小孩子满街疯跑，大人们则手摇大蒲扇，喝大茶，拉闲呱，夜风中满街飘散着茶水的清香，别有一番滋味。

扫一扫，看同期节目视频

## ◎ 大俗大雅的老济南茶馆

老济南人爱喝茶，不仅在家里喝，还喜欢到茶馆里去喝。过去，各种遍布大街小巷的茶馆，档次有别，叫法也不尽相同，不同的茶馆里折射出不同的经历和不同的人生。

现在济南也有很多喝茶的地方，而在过去，喝茶的地方要比现在多得多。可以说，各种各样的茶馆遍布济南的大街小巷。当然它们档次有所不同，叫法也不尽相同。比如说，济南人把一等的茶馆称为"茶园"，次之的称为"茶社"，再低一等的叫"茶棚"，而将最次也是最普及的呢，叫作"茶馆"。这种叫法特别有意思，老济南人所说的茶馆其实就是茶水炉。

早年间，在老济南的旧街巷中，几乎每条街上都有茶水炉，街头巷尾、当街小铺面，屋里面盘个大炉灶，可以同时烧开七八把铜壶。哪家来了客人，需要冲茶了，主人便会吩咐内人或者孩子，说"到街上某某茶馆，打壶茶水去"。这里的茶水，是指冲茶之水，其实就是白开水。这茶馆，就是卖开水的。但是济南人呢，偏偏不叫"开水"，而叫"茶水"，偏偏要称这茶水炉为"茶馆"，好生奇怪。

究其原因，不外乎有这么几种情况：第一，古人遗风，比如说，《水浒传》里边把馒头叫作"炊饼"，把热水唤作"茶汤"；第二就是茶水炉以卖开水为主，但也兼卖粗枝大叶的大碗茶，所以叫茶馆也没错；第三，济南人卖开水即为冲茶，所以称为"茶水"，也可见济南的饮茶之风是何等的普及。

有茶有座，露天搭建，较为简陋的茶馆，济南人呼作"茶棚"。茶棚多是居泉边河畔，数间空地，露巷街口，靠泉近水之处。早先出名的，东门桥有柳园，黑虎泉边有三皇庙，皆以近泉靠河、风景优雅取胜。

茶棚多用围席或帆布搭成，茶桌三五张，凳椅十数把，较为质朴简陋。也正因此，倒也随意，方才成为市井小民的一方乐土。三教九流，汇聚一堂，不讲等级，无施礼仪，天南地北，胡喷海咧一气，天大的自在啊！

真正意义上的茶馆，济南人叫"茶社"。早先，大明湖畔有一家下棋人常去的茶馆，是曲水亭茶社。这家茶馆从大清、民国一直开到20世纪50年代初。百余年间，棋坛高手的搏杀故事多数是在曲水亭茶社里上演。人多热闹的地方，茶社往往也是书场、曲艺场。

比如说，老济南大观园里有一家专门说相声的，是晨光茶社。这家茶社，老济南都知道。它与北京的启明茶社是齐名的，当时人称"南晨北启"。

又比如说，老舍在《趵突泉的欣赏》里写听大鼓书，去的大约就是望鹤亭茶社。趵突泉畔的这类茶社，都有玻璃明窗，茶客尽可一边品茶，一边听书，也可以忙里偷闲，扭头朝着窗外看上几眼泉景，那可谓是一举三得！

济南的老茶馆，最可担当"曲山艺海"之称的，那就是茶园了。在《老残游记》里，黑妞、白妞唱梨花大鼓的那家晚清茶园——明湖居就不必说了。

民国之后，有名的茶园多集中于繁华的商埠区，比如新市场的广于茶园、大观园的共和厅茶园、经二路上的青莲阁茶园等。真可谓是茶烟袅袅，人声鼎沸，书鼓声声，茶客盈亭！

为什么那个时候的茶馆多？首先，它是平民的、大众的，质朴、随意，兼容大俗大雅，兼具仁爱和博爱精神，这也正是中国老茶馆的精髓。其次，那个时候的茶客，无论贫富尊卑如何，都不妨踱进茶馆里闲坐坐，也不都是谈生意或者谈事，就是摆龙门阵，为聊而聊，颇有些为艺术而艺术的味道。

现在还真是挺怀念那时候的光景。

扫一扫，看同期节目视频

# ◎ 老济南请客吃饭的讲究

古语说得好，民以食为天。老百姓则说，人是铁饭是钢，一顿不吃饿得慌。您知道吗？咱老济南请客吃饭也有一整套讲究。

老济南人请客吃饭，是要讲究"提前量"的。依照旧俗，有"三日为请""两日为叫""一日为提"的说法。主人请客人吃饭，至少提前三天给对方通知，如果还要更郑重一些，那就要再给对方写请帖，俗称"下帖子"。

另外，主人请客还得请一个作陪的，老济南将其称为"请陪客"。这个陪客也有讲究，陪客的身份地位要与客人相称、相符，如果请的陪客比客人的身份地位还要高，那主人就更有面子了。

很多老济南人都住四合院，北屋是上房。主人把客人请到中堂里头，首先是接风洗尘，在准备好的温水里洗洗手、洗洗脸，然后就坐下了。之后，主客二人分宾主落座，喝点水寒暄一下，聊聊天什么的。

说起中堂，自然也是有不少讲究。墙上挂着一幅大"寿"字，两边还有对联。下方是条案，条案上有两样东西是必不可少的，那就是"东瓶西镜"。东边放一个掸瓶，放一些清洁工具，西边放一面镜子，这叫"平平安安，肃肃静静"。

在客人的身后，还有一个帽筒，是专门放帽子用的。两边还有放茶叶的茶筒。茶壶也有讲究。主人给客人续茶之后，壶嘴是不能冲人的。仅小小的中堂客厅，就有如此多的讲究。

简单的寒暄、闲聊之后，美味佳肴准备得差不多，就可以开席了。

济南人的宴席，无酒不欢。老济南人请客还讲究酬酢之礼，就是咱们现在常说的相互敬酒。主人敬客人酒，叫"酬"；客人回敬主人，为"酢"。主人敬客人酒有个讲究，叫"先饮以倡之"，也就是咱们常说的"先干为敬"。

过去，老济南家里要是来个人，那得让四邻八舍都知道才行，用什么方式呢？一个是欢声笑语，再一个就是划拳。声音一大，四邻八舍就知道谁谁家里来客人了，一大群人喝高兴了，这也是个面子。

据芙蓉馆馆长李涛介绍，咱老济南吃饭也有很多讲究。如果你是带着家眷来的，老婆孩子不能上桌。吃饭的时候，绝对不能随便敲筷子、碰碗。而且吃饭夹菜的时候，一定要吃离自己近的这边，这都是讲究。

"主人还要给客人布菜"，李涛介绍到。那何为布菜？就是主人把好吃的先送到客人面前吃，现在一般都说"夹菜"，让客人先吃。

主人不动筷子，客人不能先拿筷子扒拉菜去。而且最忌讳的是什么？就是把筷子插进碗里。

没有规矩不成方圆。济南人注重规矩，光请客吃饭这种看起来非常常见的事，都有那么多讲究。当然了，提到的这些讲究，基本上是经常用到的，其他的讲究还有很多，今后有机会再聊。其实，这些讲究也是咱传统文化的一部分，咱们应该继承和发扬下去才是。

扫一扫，看同期节目视频

# ◎ 吴家堡里稻花香（上）

"换大米，换大米嘞……"

听到这声吆喝，老济南人肯定不陌生。那您知道当时换的大米是哪里的吗？

好米干饭把子肉，是一道经典名吃，济南人都爱吃。那您知道，这里的"好米"讲究用什么样的米吗？

坊间有一种说法，这个米指的就是咱济南槐荫区吴家堡出产的大米。吴家堡大米蒸出来以后，粒粒饱满，油亮亮的。

吃这个米，别拌菜别泡汤，就空口吃，浓郁的米香，真叫人口齿芬芳，不由得让人回味起小时候的味道。然而，大米好吃，得来可是相当不易，尤其是这吴家堡大米，走到今天，历经59年，三次"稻改"。

蒸好的吴家堡大米

吴家堡镇，地处黄河岸畔。早先时候，由于没有治理，黄河的河底比村民住的房子都高，村民就像住在坑里，一旦黄河开了口子，淹村子就像灌瓶子一样容易。土地呢，盐碱化非常严重，不长庄稼光长草，当时收成差到什么程度呢？当地老百姓编了句顺口溜：春天白茫茫，夏天水汪汪，种一葫芦收一瓢，离乡背井去逃荒。那怎么才能解决吃不饱这个大问题呢？

引黄灌溉，改种水稻！

1957年，吴家堡第一次"稻改"开始了。当年时任七里铺老书记的李贵仁说："那时从北园请来了种稻能手梁培庆，在吴家堡镇肖屯村的涝洼地率先试种水稻100多亩，你别说，收成还真行。"

"稻改"尝到了甜头，第二年，也就是1958年，吴家堡大力推广"稻改"，一改就改了两万亩，可没想到，这一改，改坏事了。因为还没有从根本上解决土地涝碱问题，盲目扩大种植面积，灌溉水源、机械也都没规划好、解决好，最终损失特别严重，老百姓的日子雪上加霜。

原七里铺老书记李贵仁说，他们村三年吃了国家24.5万斤统销粮，1300多亩地，稻子总产量7000多斤，一亩地才5斤7两，个中困难可想而知。

虽然第一次"稻改"失败，但是吴家堡人不气馁。在当地政府的支持下，1964年，吴家堡镇七里铺村作为试点村继续试种水稻。吃一堑长一智，不是土地盐碱化吗？那就用黄河泥沙淤地改良。黄河不是地上河吗？那就把水引下来。说干那就干呀，大家伙儿齐动员，修渠挖河引水。

插秧

原七里铺村民郭玉章说："那时候大伙很不容易，吃糠咽菜吃不饱，但是七里铺人民愿意艰苦奋斗。当时修渠是在春天上冻的时候，水里都是冰凌，大家就踩着冰凌干，鞋都毁了，脚也扎破了，一星期的任务愣是三四天就完成了。"

七里铺村民郭鸿章说："修桥时也很困难，那时候连马车都没有，修桥用的石材都是靠人工推来和地排车拉来的。一方石头几千斤重，几百方石头都是靠人咬着牙一点点拉回来的。石头不够，村民们就都扒院墙、拆屋捐献出来。"

当年的七里铺村，全村四五百口人，总共两百来个劳动力。当时有个口号，叫"大雨大干，小雨小干，晴天猛干"。可以说，他们一年把过去四年的活都干完了，就这么拼了过来。皇天不负有心人，"稻改"终于成功了，他们当年可是卖给国家10万斤粮食呢。

肚子吃饱了，村民们的生活热情也高了，栽树、种苇子、搞绿化，再配上百亩稻田，那景色得有多好看！老百姓又编了个顺口溜：芦花放，稻花香，上乔下灌，岸柳成行。

盐碱地变身"小江南"，吴家堡大米也成了响当当的金字招牌。不过，吴家堡大米并不是从此就一帆风顺了，它差点就从咱的餐桌上消失了，怎么回事呢？下文咱们接着讲。

扫一扫，看同期节目视频

# ◎ 吴家堡里稻花香（下）

黄河水，黄又黄，浇到地里多打粮。紧靠母亲河的吴家堡大米，经过两次"稻改"，一度成为全国"稻改"的一面旗帜，无论质量还是产量，禁得起人人竖大拇指。

在20世纪70年代，就有好多外宾来这儿参观访问。到20世纪80年代，吴家堡大米早已成为济南名优特产。

吴家堡大米种到现在，品种换了好几个，但叫得最响、吃得最好的是老品种"京引119"。这个品种的特点就是黏。在过去，牙口不好的老人、孩子喝的米粥，就是用这个米熬的，口感好，所以很受欢迎。

吴家堡大米还有一个独有的特点，它属于早春稻，早春稻的优点是没等虫子上来就拔穗了。3月份育苗，5月份播种，9月份就收了，种植期比夏稻长一个月。

吴家堡这个地理位置，西傍黄河，南依小清河，水源充足，自然资源丰富，种水稻可谓得天独厚。

可是，在第二次"稻改"取得显著成果之后，种水稻的人反而越来越少，第二次"稻改"成果差点毁于一旦。这是怎么回事呢？

由于历史原因，那时搞了个分产到户。每家分6分地，你家有劳力，你就种水稻，我家没劳力，我就种旱田，有一些还种上了树，大部分土地都闲置了。这该怎么办呢？

第三次"稻改"又开始了。济南市吴家堡镇五洲农业总经理武如义说，第三次"稻改"的内容，主要是国家支持的流转。流转就是在国家的支持下，把集体大面积的土地从老百姓手里流转到他们那里进行公司规模化运营。这样一来，最显而易见的好处就是灌溉更容易了。

"我们这里离黄河近，只有几百米的距离，进入我们稻田的水是黄河头道水。"济南市吴家堡镇五洲农业总经理武如义说。

村民说："靠人力插秧，一人忙活一天，最多只能插8分地。但是全程机械化运作之后，一天三四十亩，轻轻松松。"

武如义说："吴家堡大米从选种、育苗、插秧、植保、收割、烘干到上餐桌，已经实现了全程机械化。

"我们采用的是绿色生态环保型种植方法。举个例子，从杀虫上说，我们周边的小道有一些空闲的坝子，种的全是黄豆。我们就用黄豆里面的虫子来吃水稻里面的虫子。再就是黄豆的氮气，可以促进水稻的生长，对维持我们水稻生长的平衡起到了很好的作用。"

第三次"稻改"完成后，吴家堡大米这个充满济南味道的品牌，被擦得越来越亮了。

2016年，这一带被划为永久基本农田，除了法律规定的一些国家重点建设项目，其他任何建设都不得占用，为的就是把济南本地特色大米打造得更好，并且走进千家万户，保住老济南的特色。

一碗大米饭，朴实无华，却饱含了悠久的黄河水稻文化，凝结了几代吴家堡人的汗水和智慧。吴家堡大米，可能不是你吃过最好吃的大米，但却是老济南味道最浓郁的大米。最让人留恋的，不仅是大米的清香，更是它蕴含的那份真情和感动！

扫一扫，看同期节目视频

# ◎ 春风吹来野菜香

春风送暖，万物萌发，四月正是野外踏青的好时候。咱济南人踏青，有一项活动可以说特别受欢迎，而且越是生活阅历多的人，越能在其中大展身手，什么呢？挖野菜。

所谓野菜，也就是自然生长于野外的蔬菜，集天地之灵气，取日月之精华，顺四时而生发。嫩苗沾染着泥土的气息，散发着天然清新的野味，这是大自然给予我们的美妙馈赠。在古代，吃野菜不但是为了充饥，也是为了迎接春天来临。

济南的春天虽然短暂，但并不吝啬。春风一吹，在山间地头、路旁河沟，各式各样鲜嫩的野菜，便争先恐后破土而出。每年这个时候，很多济南人都喜欢拎把小铲，拿个方便兜，全家老少轻装简步到郊外山林，蹲下身来，采挖野菜。发现野菜的惊喜，无异于找到宝藏。

长清区万德镇马套村村民赵富英，今年（2018年）68岁。她告诉阿庆哥，春天正是挖蒲公英的好时候。

村民房玉珍说："蒲公英洗净晾干后泡水喝，可以消炎下火治嗓子，对了，重点是要用热水泡，不能用凉水泡。"

济南人最常吃的野菜，刚开春时有榆钱、无事忙，也就是杨树的花和果实，接着是荠菜，拿荠菜包水饺那可是鲜美至极，阿庆哥最爱吃了！清明之后谷雨之前，可吃的野菜就多起来了，白蒿、苦菜、山木蚱等。不过，有些野菜，阿庆哥是知道名对不上号，还有很多野菜，阿庆哥也叫不上名来。

村民卢小莉说："之所以喜欢出来挖野菜，一个是这个时候野菜好，

各种野菜

大人孩子也都爱吃，大家还能出来踏踏青，锻炼锻炼身体。"

村民赵富英说："洋槐芽特别好吃，可以蒸小豆腐，等过两天开花了，还可以做槐花饼。听老人说，以前没吃头的时候，洋槐芽好吃到人人都摘，来晚了都抢不上，现在更是一道难得的美味好菜。"

上了年纪的人，会对野菜怀有一种更为深厚的感情。有句俗话：富正月，贫二月，难过莫过三、四月。尤其是在"瓜菜半年粮"的饥荒年代，野菜成了人们填饱肚皮的金贵食物。饱受饥饿折磨的人们，对野菜的救命之恩没齿难忘。

"我的父母是空军转业人员。我记得那时候部队机场跑道的两边，大片土地都是野蘑菇和野菜。小时候，我妈抽空就带我挖点野菜回来。洗干净、择干净之后，餐桌上就添了一道时令蔬菜。虽然说现在生活条件好了，但是我的爸爸妈妈对野菜还是颇为钟爱。每每外出的时候，见到野菜就拔不动腿，非得挖一些回来。而且嘱咐我，'这些野菜对身体有好处，像苦菜蘸酱败火，白蒿打个汤，冲点水都挺好的，清热败火'。你看，一盘平凡野菜，蕴藏的是暖暖的亲情，妈妈的爱啊！"阿庆哥回忆说。

济南人最偏爱的野菜非香椿莫属。过去住楼房的少，老济南人在

香椿

大杂院里，房前屋后总会栽上几棵香椿树，折下一枝，异香扑鼻。清明前后，香椿开始萌芽抽叶，两三天便能长好，多一天就老了。香椿和鸡蛋，就是天生一对。香椿特有的香气，才是春天应有的味道。

野菜做成的美食

有民谣说"三月三，荠菜赛金丹"，还有说"苦菜里有三两粮，既饱肚子又壮阳"，总之一句话："野菜香，回归自然保安康。"人们喜欢野菜，不光是它们可以满足口腹之欲，更重要的是，许多野菜本身就是药材，可以达到药食同源的保健作用。

马套村村民薛永德介绍说："上桌的野菜有面条菜、香椿芽炒鸡蛋、炸薄荷叶、苦菜蘸酱和炸花椒芽。香椿芽开胃健脾，薄荷叶润肺，苦菜败火，花椒芽止疼，还可以活血化瘀。"

现如今，挖野菜、吃野菜不再是生存需要，而是一次肠胃的返璞归真，一种对生活的精心调剂。我们应当记住那些有野菜陪伴度过的艰苦岁月，更应该感恩大自然的慷慨馈赠，同时传承父辈的生活智慧。

扫一扫，看同期节目视频

## ◎ 古人消夏神器：碧筒饮、解语杯

　　荷花是济南市的市花。7月，就到了赏荷的好时候了。

　　荷花不仅好看，在济南人的生活中，很多风俗习惯都跟它息息相关。比如，济南人经常用荷叶包包子、做荷叶粥，还把荷花做成茶等。其中最有趣的，当属碧筒饮和解语杯。此二者为何物呢？

　　所谓碧筒饮，就是采摘刚出水的带茎的新鲜荷叶，再刺穿荷心，使刺孔与空心的荷茎相通，然后在荷叶中倒上美酒。澄澈的酒，被碧叶托举，晃来晃去，十分诱人。再将空心的荷茎弯成象鼻状，从茎的末端吸酒喝。古人将这种风雅的饮酒方式，命名为"碧筒饮"。

　　白云湖景区负责人韩爱霞现场为大家制作了一个碧筒饮。她用竹签在荷叶心上扎了几个孔，将荷叶心与底下的茎相通。

　　"据说在古代，碧筒饮都是喝黄酒的，今天咱们以茶代酒……然后把它窝起来，尝尝！"韩爱霞对阿庆哥说。

　　阿庆哥喝了一口，感叹道："此情此景之下，茶香混合荷香，别有一番滋味啊！"

　　据唐人段成式《酉阳杂俎》记

碧筒饮

载，碧筒饮是三国曹魏时代由当时的齐州刺史郑悫和他的幕僚们发明的。每到三伏天，郑悫和他的幕僚们经常在使君林避暑纳凉。

那么使君林在哪里呢？据文献记载，使君林是济南一处最早的城市名园，是郑悫建造的私家园林。位置大概在大明湖北边，里边有荷塘。

每逢盛夏，也是"接天莲叶无穷碧，映日荷花别样红"的时候，欣赏如此美景，小酌一杯美酒，岂不快哉？哎，这荷叶不就是现成的容器吗？

这"酒杯"现取现用，顺手拈来，清凉有趣。三国，不仅是个杀伐的时代，还是一个诗意的时代！酒器如此曼妙，那酒喝得就更爽快了。

韩爱霞说："碧筒饮不仅赏心悦目，还可食疗健身。荷叶具有清热凉血、健脾养胃的功效，以略带苦味的荷叶汁液和酒入口，能够清凉败火，消暑保健。"阿庆哥一听，忍不住再来一口。

"碧筒饮"三字，带有凉意，清洌淡雅，到了唐宋时期，格外流行。尤其是在济南，几乎是古代中上层人士夏季必备的消暑饮品。

相传一千多年前，诗圣杜甫就是在尝试过碧筒饮之后，挥笔写下"济南名士多"的佳句。

到了宋代，碧筒饮更为普遍，还被提名为文士清供之一，成为文人雅士的一种风流象征。受碧筒饮的启发，古代工匠还用金、银或玉模仿制作碧筒杯，制造出了种种雅致有趣的酒杯精品。"常记溪亭日暮，沉醉不知归路。"说不定，著名女词人李清照，也正是在喝了这碧筒饮之后，才写出如此动人的词句。

荷叶能当酒杯，荷花也是可以做酒杯的，而且这荷花杯的风致又在碧筒之上。

摘一朵荷花，含苞未放，把花苞轻轻掰开，拿一个小酒杯放在花蕊之中，斟满酒，将花苞合拢，小心翼翼递给对方饮用。古人认为花有灵性，能够传递人的情感。如此低饮浅酌，格外惬意。饮者闻到的有酒香、荷花香。因唐人称荷花为解语花，所以荷花杯就有了"解语杯"的雅名。

解语杯

风雅之地养风雅之民，济南泉水丰沛、盛产荷花，再加上文人雅士丰富的想象，才有了这种独特而又浪漫的碧筒饮和解语杯。

泛舟湖上，不仅可以领略荷花满池的旖旎风光，还能喝到济南特有的荷香美酒，更能感受到济南荷文化的深厚意蕴，真可谓是济南人的一大幸事啊！

扫一扫，看同期节目视频

## ◎ 凉爽一"夏"有冰糕

入伏后的济南持续高温，怎一个热字了得！这么热的天，怎么能不想吃点凉的呢？有句话说得很风趣："只有最好吃的冰糕，才能镇住夏天这只妖！"

如今，各种款式、口味的雪糕、冰激凌是五花八门、层出不穷。站在冰柜前，选都得选一气儿，看着都好吃，却不知道哪个更好吃。

忽然就怀念起小时候吃冰糕的日子。不知道您还记得小时候都吃过什么冰糕吗？那些冰糕的滋味，您还记得吗？

"谁要冻冻咧，拔凉解渴的冻冻咧！"

济南最早的冰糕，应当算大明湖出品的"冻冻"了。那年月，全社会都没空调，冬天储藏在大明湖畔冰窖里的冰块，到了夏天就是宝！那时候，卖冻冻的大多是不上学的半大么子，挎一竹篮，把冻冻放在荷叶或蓖麻叶上，上边盖着棉布或纱布（咱济南人叫"冷布子"），手里拿着一根长钉子和小锤儿。卖的时候只要把钉子放在冻冻上，用小锤轻轻一敲，冰块就掉下来了。一分钱、二分钱的冻冻也没有个标准，大了、小了都不在乎，往往一个孩子买的冻冻，大家一起分享，一人咬上一口，含在嘴里，共同享受那片刻的清凉。那感觉，好极了！

再后来有了冰糕，也叫"冰棍"，模样也就是像一根小棍，大多是用糖和水做成，外面包着印有商标的白纸。

卖冰糕的有的背一木箱，箱子刷了白漆，上边用红字写上"冰糕"。内衬棉絮，上盖小棉被，盖子一打开，棉被一掀起，一片"热气"往上冒。有的是推着车子沿街叫卖。

那个时候冰糕可是稀罕物，孩子缠着大人买，大人不给买，往往就哄上两句："冰棍冰棍，吃到肚子里冒凉气！冰糕冰糕，吃到肚子里好发烧！"

在阿庆哥的记忆里，吃的最早的冰糕叫"西来兴"冰糕。这个"西来兴"是一个酱菜店，它在当时的翠卖场的旁边，经三路小纬六路一带。这是印象中最早的冰糕。当时批发冰糕的人，有的用木头箱子，里边裹着棉被；有的在车把的前边挂着两个竹子的冰糕瓶，冰糕就放在里头。

20世纪80年代初，济南的冰棍，高端的5分钱一根，普通的3分钱一根。有一种豆沙冰棍最流行。一层厚厚的红豆铺在表层，颗粒饱满，下面是红褐色的豆汤冰块，带一点儿冰碴儿，酥酥沙沙，不甜不腻，清香爽口。

后来还有小布丁，奶味十足，一口气吃三个不费劲儿。

再高级一点的又有三色杯——巧克力+草莓+牛奶，一个杯子就可以吃到三种口味，应该是童年里雪糕中的"满汉全席"了。草莓味的吃一口，巧克力味的吃一口，香草味的吃一口，再是两种味道搭配，最后吃着吃着再混到一起吃……那滋味，甭提多美味了！

还有紫雪糕、娃娃雪人、光明冰砖，都是阿庆哥的最爱！尤其是光明冰砖，那就是奢侈品一般的存在。

你要问阿庆哥怎么知道这么多，1990年那会儿，阿庆哥就卖过冰糕。推着自行车走街串巷，批发冰糕的同时，还批发点豆奶一块卖，那时候五毛、六毛、八毛一根批发来，一块、一块五的卖出去，一个夏天，还给媳妇挣了辆自行车呢。

"老板，来个'爽'，要群康的！"说到济南当地冷饮，济南人最熟悉的莫过于"爽"了。现在是卖一块钱一根了，也不贵。记得当初是五毛一根，维持了好多年，蓝白色的包装，在花花绿绿的冰糕世界里，无异于一股清流。

济南群康集团老职工刘军说："当年'爽'卖得最火时，一天能走五六万箱，来买的人白黑地挨号，托人都买不到。最火的一个夏天，单单'爽'这一个品种，就卖了2亿多支出去。"

济南群康集团董事长于宏昌说："我们的'爽'为什么好吃？主要在于配方。我们的配方是冰糖和银耳。在20世纪60年代，老济南润喉、止咳、镇痰，都愿意熬银耳粥，好这一口。"

其实啊，早在"爽"风靡济南之前，老济南人最爱吃的冰糕是脆筒，也是五毛一个。据说当时想吃上脆筒，都得排队。买到以后不舍得吃，得慢慢地吃，结果冰激凌就会从底下化掉，滴下来弄得满手都是。满手都是怎么办呢？再一点点舔干净，生怕有一点浪费。

爽、大奶块、玉米棒、豆排、脆筒……这一个个冰糕名，串起了济南人年复一年的夏天，也承载了济南人难舍的本土冰糕情结。

于宏昌说："今年（2018年）是我们恢复生产的第一年，也是一种情怀的回归。特别是我们的老产品，济南群康的脆筒、大奶块、豆排都回来了，让济南人再见我们的老产品。"

现如今，消暑解热的方式很多，但是凉凉甜甜的冰糕，仍然让我们难以割舍，欲罢不能。我想，那些我们曾经吃过的冰糕，带给我们的，不光是当下的凉爽畅快，还有一份甜美的旧日回忆。

扫一扫，看同期节目视频

# ◎ 甜沫为什么不甜

俗话说：一天之计在于晨。尤其是在冬天的早晨，用一顿热气腾腾、营养又美味的早餐开启新的一天，那是最妙不过的。

那早上吃么呢？在老济南人的心头舌尖，有一样食物，怕是再没有比它更顺溜、更舒坦、更温暖的了。它就是甜沫。

### 甜沫不甜，是咸的

甜沫，望文生义，很多外地人会以为是甜食，其实不然。在饮食方面，济南有三怪——茶汤无茶、片儿汤不是汤、甜沫不甜。济南的甜沫，实际上是一种用小米研磨熬煮而成的咸粥。

早晨点上一碗甜沫，热气腾腾。端至眼前，金黄甜沫之中，菠菜嫩绿，豆腐皮雪白，粉条透明。看之，犹如青山水墨；闻之，香气扑鼻；

甜沫套餐

食之，微咸略辣，五味俱全。配上两根油条，一个茶鸡蛋，再来上一碟小咸菜，哧溜哧溜喝到嘴里，热乎乎地顺入腹中，真是浑身畅快，五体通泰！

来店里喝甜沫的食客说了：土生土长的老济南人，早上就爱喝甜沫。为什么爱喝？里头有姜，喝了暖和，而且小米养胃。更有甚者，一大早，带着全家老小特意从洪家楼赶到联四路北头这家甜沫老店喝甜沫。

### 甜沫的传说

据传，甜沫源于明末清初，迄今有三百多年的历史。关于甜沫的来历传说不少，一种说法是甜沫原本叫"田沫"，是"田地"的"田"。说的是明末天灾战乱，大批难民涌入济南。济南有一位姓田的人开了粥铺，经常舍粥赈灾，救了很多人。由于来喝粥的人越来越多，粥铺供不应求，就在粥里加上大量菜叶和调料，灾民见煮粥的大锅里泛着白沫，便亲切地把这种粥称为"田沫"，意思是田老板赈济的粥。

甜沫唐第四代传承人唐松涛说："当时呢，有一位外地来济赶考的落难书生，也来求碗粥吃，他应该是饿极了，吃了之后觉得甜沫果然名不虚传甜美无比。后来他考取了功名，专程来到济南答谢当年粥铺的救命之恩。但是，当他再喝甜沫的时候，却喝不出当初的甜滋味来，这才知道是自己搞错了，不是'甘甜'的'甜'，而是'姓田'的'田'。"

虽然字面意思错了，但是甜美的记忆依然真切。据说书生为此特意题写了"甜沫"匾额一块，并吟诗一首：

错把田沫作甜沫，

只因当初历颠连。

阅尽人世沧桑味，

苦辣之后总是甜。

这成就了一段佳话。这种咸粥，从此也就叫"甜沫"了。

还有一种说法，说甜沫是"添么"的谐音。过去家里穷，在院里做饭熬粥时，四邻八舍就把自己家里有的食材贡献出来一些，就是"添点么"，有添菠菜的，有添花生的，有添粉条的，等等，熬好了大家一起喝。今天张家熬粥，往里添点么，明天刘家熬粥了，又往里添点么，大家互相帮衬，体现了老济南邻里之间浓浓的情谊。

唐松涛说："再早他们家卖甜沫的时候，招牌上写的不是甜沫，而是'添沫'。一开始就一锅水，添小米面、花生、豆腐皮，一样一样地往里添。顾客都是出大力的人，每顿饭都要撑时候，甜沫里要多添点么才受欢迎。"

而更有趣也更具文化意味的，恐怕还要说是乾隆与纪晓岚二人用甜沫和酱菜做对联的故事。

据传当年，纪晓岚陪乾隆皇帝三下江南，途经济南。有一次，他们在大明湖欣赏湖光山色，玩高兴了，要对对子，规定必须用济南话，还要富有济南特色。于是，乾隆出了个上联：咬口黑豆窝窝，就盘八宝咸菜，可谓杠赛。然后纪晓岚对了个下联：吃块白面馍馍，喝碗五香甜沫，不算疵毛。这个段子，也让甜沫更加声名远播。

### 甜沫的老讲究

甜沫虽是老百姓充饥果腹的街头小吃，但讲究也很多。

做甜沫的食材

早年间，须得龙山小米，用泉水泡一个时辰，再磨成米糊。煮粥的柴火也得使松木皮，这种柴火有油，烧起来旺。甜沫熬好后，盛粥的容器也有讲究，得用那种大瓦缸，天冷的时候还要在缸外面套上棉胎保温，顶上用包着棉垫子的木盖。往外盛甜沫的时候得用那种长木勺。

唐松涛说："喝的时候也有讲究，以前不用勺子、筷子，老济南人都是端着碗，顺着边儿，转着圈儿。碗是那种'瓦嚓碗'，两道蓝边，很粗拉。喝不干净，就用油条擦碗，无论是粥汤还是其中的花生、小豆或是粉条、豆腐皮，连吸带喝，一干二净底儿朝天。喝完了，碗都不用洗。"

### 阿庆哥的甜沫记忆

咱们济南人家里边，自己也做甜沫。阿庆哥说，小时候，他奶奶就给他做过甜沫。怎么做的呢？熬上米食，里边倒上菠菜、粉丝、豆腐皮。阿庆哥最爱吃的是花生米。那花生米，头一天得泡，泡上一天一夜，第二天再煮。捞的时候呢，那个勺子还得往锅底下舀一舀，那样捞的花生米多……那种滋味，现在想来甚是怀念。

如今早餐的选择多种多样，我们相信，每个济南人记忆中，都有一碗最好喝的甜沫。甜沫不甜，它伴随着我们成长，见证着济南的变迁，是我们亘古不变的家乡情怀。

扫一扫，看同期节目视频

## ◎ 有一种甜点叫糖酥煎饼

　　深冬时节，抵御严寒特别需要补充能量，而补充能量最迅速的，莫过于甜食。大冷天，来杯热饮，再配上一块甜点，想想都觉得惬意又暖和。那吃点什么甜食呢？咱济南，有一种甜点特产，既能满足口腹之欲，绿色健康、不发胖，还方便携带，便于长时间存放。它就是糖酥煎饼。

　　糖酥煎饼，听名字就知道，肯定是又甜又酥。

　　它色泽浅黄，薄如蝉翼，一口下去，脆生生的饼皮在口腔中爆开，又瞬间酥化在舌间，甜味升起来，却不抢风头，反而更加撑起小米的清香，散发出农家食品特有的清新、质朴。

　　在历城区柳埠镇，阿庆哥见到了烧柴火摊煎饼的鏊子。这位村民摊的是玉米面煎饼。舀一勺磨糊，往鏊子上一浇，刺啦一下，热气冒上来，再用笢子来回刮，煎饼就摊好了。

村民摊煎饼

阿庆哥正在尝试摊一个圈圈的煎饼

阿庆哥看到也忍不住跃跃欲试。他小时候也摊过煎饼，那时候烧的是刨花。行家一出手，就知有没有。同样的原料，同样的工具，同样的手法，可是，阿庆哥怎么也摊不出个囫囵的煎饼，还被烟熏得眼泪哗哗流。

### 煎饼好吃的关键是磨糊

煎饼好吃，关键在提前磨好的磨糊上。过去，磨磨糊都得靠人工，一般要磨三道程序。

第一道，先要用滚碾来一遍，当地人管它叫"压糁子"。

第二道，再用像条小河沟似的石碾，叫"沟碾"，人来回这么推，就可以把玉米、麦子、小米等粮食碾碎。

第三道，就是用石磨来磨，它有一个挺霸气的名字，叫"虎头单眼磨"。

刘氏糖酥煎饼传承人刘俊强说："这个虎头单眼磨是刘家祖传的老磨，现在还能用。你看它两边这两个凸起，有点像老虎耳朵。它最大的特点就是单眼，一般的石磨都是两个眼，一个磨干的，一个磨湿的。像这种单眼的，只能磨湿的，因为是单向，出料沟长，磨出来的糊糊又稠又细。"

### 糖酥煎饼的历史

糖酥煎饼的前身可以追溯到大约三百年前。相传历城区柳埠镇黄巢村刘家祖上出过一位武探花，叫刘龙。当时他从河南开封卸任返乡，皇上就在南部山区黄巢村一带赐给了他三百亩地，刘家就此扎下了根。

刘龙有三位夫人。其中，大夫人做得一手好煎饼。她利用自家产的粮食，带着儿女以及街坊四邻一起做煎饼、卖煎饼。没想到这一卖卖出了名堂，名声大震，刘家也因此成了煎饼世家。

刘俊强说："我的老老祖奶奶，也就是刘龙的大夫人，是泰安人。我们家这一支，就是从刘龙大夫人这一支传下来的。那个时候她是从泰安带过来的摊煎饼的手法，也就是从新泰的楼德到现在的历城这一带，都是这种。那个时候我们家摊的煎饼，没有像现在这么脆，但也非常好吃。"

糖酥煎饼真正问世，是在20世纪20年代。当时济南煎饼界有"泰历"的说法，"泰"指的是来自泰安的王维康，"历"指的是历城的刘洪均。王维康在五龙潭附近卖煎饼，刘洪均在大观园那里卖煎饼，两人旗鼓相当，并称"煎饼王"。

刘俊强说："糖酥煎饼，是我的老爷爷，也就是刘洪均，和王维康一起交流、切磋出来的。当时市面上就是那种卷着吃的普通煎饼，比较难咬。他俩也算是惺惺相惜，在一块没事就琢磨创新，最后做出了这种又甜又脆的糖酥煎饼，口感和以前大不一样。这种煎饼其实更像一种点心。一开始两家都做，但是王家没有坚持下来，而我们刘家坚持下来了，然后把糖酥煎饼发扬光大。"

就这样，糖酥煎饼成了咱济南家喻户晓的美食。不过，这还不是糖酥煎饼最辉煌的时候。您知道吗？咱济南的糖酥煎饼，被称为是"中国一绝"。这个名头是怎么来的呢？背后又有着怎样的传奇故事呢？

本来，糖酥煎饼在咱济南一直很火，但是从1928年开始，老百姓就吃不着了，为什么呢？因为1928年发生了"五三惨案"，日本人占领了济南，打那糖酥煎饼就不卖了。直到抗日战争，咱们的煎饼才重出江湖。

在抗日战争和解放战争时期，糖酥煎饼也出了不少力。你想，煎饼泡上水，就是粥；夹上咸菜，就是干粮。煎饼本身储存时间长，行军打仗充饥果腹最合适不过。

刘俊强说："当时我爷爷刘克祥17岁，整个老刘家，有专门做煎饼的，还有推着小推车往前线给战士送煎饼的。这个小车呢，一车能推300多斤，一个人推，一个人拉。在抗日战争的时候，我们老刘家把煎饼送到济南、徐州这一带，八路军都吃过我们的煎饼。淮海战役时，我们送煎饼最远送到安徽蚌埠。"

到了20世纪70年代，咱济南的糖酥煎饼，还走进了人民大会堂，上了国宴。刘氏糖酥煎饼传人刘俊强说："那时陈云的夫人于若木，是著名营养学家，也负责中央领导人的配餐。她听说了咱这个糖酥煎饼后，专程来厂里视察，认为咱的煎饼原料、做工挺讲究，还香酥可口，营养丰富。当时我爷爷上北京去人民大会堂送煎饼，那是他第一次进人民大会堂，特别自豪。再后来我国著名文学家、历史学家郭沫若先生，也特意为糖酥煎饼题字：'中国一绝'。这也是济南食品的骄傲啊！"

糖酥煎饼，也是很多济南人儿时的美好回忆。小时候家里穷，糖酥煎饼也是稀罕物，虽不至于非要等到过年过节才能吃到，但只有小孩听话表现好了，大人才会买上块糖酥煎饼当作奖励。谁要是手上有块糖酥煎饼，也得赶紧向小伙伴显摆显摆。你一口，我一口，小心翼翼咬上一口，酥脆酥脆的，还得用手接着渣渣，生怕浪费一点，吃完再互相看看嘴角的煎饼渣，笑作一团。快乐如此简单，又是那么满足。

刘俊强说："20世纪90年代，糖酥煎饼最火。一开始，它进过学校，是纬二路小学等很多小学的课间餐。后来糖酥煎饼还成了咱济南婚宴宴席上一道必备的喜庆菜，只有一千块钱以上的席才能用。席上的煎饼像打火机那般大小，里头插上写着各种吉利话的签。很多高档酒店都用过。"

随着时代发展和人们对品质追求的提高，糖酥煎饼做得也更讲究、更卫生了。它不再是光秃秃的了，而是穿上了新衣服，还有了新名字，叫"野风酥"。

刘俊强说："'山风拂来乡土情，村姑捧出野风酥'，这是野风酥的真实写照。我们的原料来自山区，做煎饼的人也来自山区，这样就更能体现我们老济南特产糖酥煎饼的传统风味、乡土之情。"

大道至简，知易行难。作为传统民间食品的糖酥煎饼，率先实现了工

厂化生产。通过十多年的技术革新，生产设备实现了自动化，从上料、压箅、旋转到揪揭煎饼，实现了传统工艺和现代技术的结合。原先一名工人一天摊30多斤煎饼，而现在一人一天能摊300多斤，不仅产量提高了，而且做出的煎饼更精致，口感也更好了。

刘俊强说："现在咱们的煎饼，除了糖酥煎饼，又新出了香酥煎饼、软煎饼。像香酥煎饼里边，加了核桃、花生、芝麻，这样口感更好，层次更明显。现在咱们的煎饼，在山东以及江苏的144个高速服务区，在京沪高铁山东段的客运站，以及华北的机场都设有专卖店，在咱们济南各大商超以及华北、东北的商超里边，都能看得到咱们老济南的糖酥煎饼等系列煎饼。"

济南美景美不胜收，济南美食回味无穷。无论您是回乡探亲，还是朋友聚会，不妨带上一份咱济南的糖酥煎饼，让济南这种传统美食，陪伴咱们甜蜜过冬，迎接新的一年。

扫一扫，看同期节目视频

# "下饭神器" 把子肉

在济南的特色美食当中，把子肉堪称肉菜里的"扛把子"，它的江湖地位，那真是无可撼动。好米干饭把子肉，拿大肉片子来下饭，这是老济南人最常吃的标配套餐。

老济南把子肉，取自猪腹部正中五花肉，不用盐，全靠酱油入味，汤汁浓郁，色彩鲜亮，堪称"下饭神器"。它最出彩的地方在于，瘦的糯中有韧，软中多汁；肥的入口即化，香而不腻。

老济南人、把子肉爱好者胡中国说："咱们济南把子肉的地道做法就是，煸锅以后把它放到老汤里。像我们这个老汤，大约得熬四年了吧。做出来以后，主要是靠时间，炖煮大约得需要两个半小时。再看它的颜色、味道，你就知道了。整个肉的油脂慢慢地排了出来，所以说吃了以后，济南人讲话——瘦而不柴，肥而不腻，入口即化。这就是地地道道的老济南把子肉。"

那，为什么叫"把子肉"呢？

很多人愿意相信，它得名于刘关张桃园三结义，是他们拜把子后一起吃的肉。还有一种说法：因为把子肉上多绑有棉绳或者插有竹签，古人祭祀之后，把祭祀用的肉切成长方块分给众人。众人怎么拿呢？就用草或者绳子把肉系起来，形成扎把的形式，所以叫"把子肉"。

但是，这些说法并没有相关记载，只是后人附会。把子肉何时在济南兴起，现也无可考证。

民俗专家张继平说："济南的菜品命名，过去有一个很大的特点：很

朴实。一个是用技法加食材来命名，比如说糖醋鲤鱼，鲤鱼是一种食材，糖醋是一种技法；再一个是形状加食材，比如说把子肉，食材是肉，形状是把子。这个在古汉语里边，包括现代汉语里边也存在，就是捆扎成束的东西，叫'把子'。过去，济南人用一种蒲草把它捆扎起来，形成了一个'把子'，就叫它'把子肉'。为什么用蒲草来捆扎？第一个，蒲草有一种非常清香的味道，一种特殊的味道，所以把子肉具有了济南特色；再一个，把它捆扎起来，便于携带，便于拿取。"

胡中国说："正宗的把子肉，炖化了也不会散。一个猪身上也就五六斤肉，出大约五六十块好把子肉。"

其实，把子肉最早是有钱人家才吃得起。过去物资短缺，油水不足，有点荤腥就叫改善生活，能吃上一大块肉，绝对是过年才能有的待遇。

胡中国说："我记得小时候吃不上肉，主要就是用炖肉的那个肉汤浇米饭，顶多放上豆腐、面筋，加上个鸡蛋就很不错了，只有过年、八月十五才能吃上肉。"

老济南人、把子肉爱好者牛骅说："我十几岁的时候，清楚地记得，我母亲买三毛钱猪肉，全家就能吃顿水饺，哪有条件吃这种把子肉？过去买肉还得拿票，计划供应、凭票供应，想买多也买不了。像这种大块的猪肉，是无法想象的。"

现在的把子肉，早已经遍布济南的大街小巷，成为人人都能享用得起的平民美食。

中午、晚上下了班，来上一块大肉，再来碗好米干饭，肉汤这么一浇，又有肉，又有饭，甩开膀子吃起来，方便快捷，生猛直接，管饱解馋，吃饱了肚子，好有力气干活去。

胡中国说："这个把子肉怎么吃呢？得把它捣碎了，和米饭搅合到一起才好吃，我小时候就这么吃。一口饭，一口肉，每一口饭里都有肉，这

就是老济南的味道。"

民俗专家张继平补充说："济南的饮食习惯过去分为两种。因为济南是历代官衙所在地，一方面讲究细致；另一方面，济南民间讲究豪放，讲究大块吃肉、大碗喝酒这么一种豪放的气概。把子肉，代表了济南民间饮食习惯一个非常大的特点。"

把子肉汤里，还会泡着鸡蛋、豆腐、面筋、海带结、辣椒、肉卷等配菜，只有你想不到的，没有它放不了的。然后再用把子肉的下脚料炸个藕合，炸个鱼，这也就是老济南人家里的过年菜了。

胡中国说："老济南吃鸡蛋得划上道道，好入味。老济南的面筋是用面洗出来后再油炸。这种炸藕合，用的面糊也是老济南的法子，么也不放，就是放点醋，出来后凉了也不硬。"

把子肉很普通，它不算华丽精致，也谈不上风花雪月，但就是济南人

把子肉

忘不了的老滋味，也是济南原汁原味的美食回忆和传承。

现在生活条件好了，吃肉不再是难得的事情，为了健康，荤腥油腻也吃得少了。不过，把子肉仍然是济南人戒不掉的美味。

扫一扫，看同期节目视频

## ◎ 有一种吃法叫"商河老豆腐配马蹄烧饼"

　　商河老豆腐和商河的马蹄烧饼，是商河非常有代表性的民间特色美食之一，很多济南人也都吃过。不过，这两种食物有一个共同点，那就是必须要到商河本地，现做现吃，方能品尝到它地道的滋味，感受到它独有的神韵。

　　商河老豆腐，并不是传统意义上那种成形成块的豆腐，而是更接近于豆腐脑，但又不是豆腐脑，比豆腐脑更有质感，洁白如玉，细若凝脂，嫩似欲流。为了显示自己的豆腐品质好，卖老豆腐的人喜欢用平底勺来给食

商河老豆腐配马蹄烧饼

客盛碗，手腕转动，一勺一勺，舀得飞快，老豆腐如雪片般落入碗中，却依然不散不碎。

要想做出地道的商河老豆腐，关键在于点卤。老豆腐用的是石膏点卤，增一分则多，减一分则少，有人形容，点嫩了像二八少女，点老了像半老徐娘，只有点得恰到好处，这商河老豆腐才会如少妇般风情万种，诱惑迷人。

商河老豆腐另一个独特之处是什么呢？就是秘制的卤汁。商河有句俗话，"吃老豆腐别贪多，主要吃的是味儿"，说的就是这卤汁。

济南市商河老豆腐非遗传承人刘新江说："这卤汁儿是由十多种中药材加上食盐熬制而成的。其实老豆腐的味道基本都一样，主要的味道在咱调的卤汁上。这个卤汁调出来香而不腻，有肉味而不腥。这个卤汁的味道，各家有各家的特长。咱这个卤汁怎么说呢，是老人们传下来的，一步一步研究到现在，演化到现在才出来这个味道。因为这个卤汁是家里自己调的，只有到咱商河才能吃到，才是咱这个味。"

商河本地人说："我们商河人一般早晨起来都是吃老豆腐的。虽然它是叫"老豆腐"，但是口感特别嫩，但是又跟其他地方的豆腐脑或者其他东西都是不一样的，风味独特。每次从济南上班回来，我一般第一顿就是这个，临走一顿也是这个。"

很多商河人都说："不吃就想啊，特别喜欢吃，就喜欢这个味儿。"

做商河老豆腐的人家，提前一天就要把准备工作做好，凌晨四五点就要起床。过去是挑着挑子，到别的村里去叫卖。前头是料，后头是老豆腐，5分钱，就能打这么一大碗。

刘新江说："那时候做好的老豆腐自己不舍得吃，是金贵食物，平时都吃咸菜瓜子。只有孩子生病了，需要补充营养了，才会'调调顿'，改善下生活。"

商河老豆腐的吃法也很特别，它是被当成菜品来吃的，里头一般会放上个卤蛋，然后再另外配上主食和稀饭。要说到主食，和商河老豆腐最搭的，非马蹄烧饼莫属。

商河马蹄烧饼，因形似马蹄而得名。它以面粉、植物油、芝麻为主要原料，用特制的烤炉烤制而成。

商河县殷巷镇殷巷街村民赵永恒说："做马蹄烧饼的炉子叫'平锅'，又叫'鏊子'，摊煎饼就用这种锅，然后把这个锅底倒过来。这里边烧的是锯末，再早用的是小米糠。为什么用锯末呢？它有种木头的清香，这样烤出来的马蹄烧饼有木香。"

刚出锅的马蹄烧饼，阿庆哥尝鲜后点评：外脆里嫩，香，太香了！而且这马蹄烧饼非常有特点，那就是皮瓤分离。相传在乾隆皇帝下江南时，马蹄烧饼还曾被当作贡品，果然名不虚传。

除了日常饮食之外，在商河人走亲访友、娶媳妇、生小孩、过生日等这些重要时刻，马蹄烧饼也是必备礼品之一。

赵永恒说："在我们商河有一种风俗，结婚的、定亲的用这种烧饼，不是拿回去吃，是送给女方的，有拿80个的，有拿100个的。80个象征发财，100个象征团圆。生小孩的也用这种烧饼。我们那里风俗就是，用这种烧饼的寓意是给小孩安膝盖、安胳膊肘，让他走道硬实。"

美食在当地，美食在民间。传统民间小吃之所以有着如此旺盛的生命力，是因为它让人们从中体验到了浓浓的家乡味、满满的幸福感。如此眷恋，难以离开，而这一点，靠的是众多劳动者辛勤的劳动，还有那颗始终如一的质朴匠心。

扫一扫，看同期节目视频